MERTXE SUESKUN
Jugando, cuento
Jostatuz, kontatu egiten dut

MERTXE SUESKUN
Jugando, cuento
Jostatuz, kontatu egiten dut

Exposición | Erakusketa
Museo de Navarra | Nafarroako Museoa
Marzo - septiembre 2025 | 2025eko martxoa - iraila

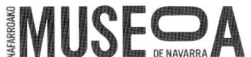

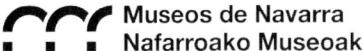

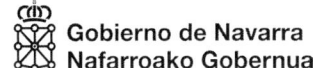

Índice | Aurkibidea

**GOBIERNO DE NAVARRA |
NAFARROAKO GOBERNUA**

Presidenta | Lehendakaria
María Chivite Navascués

**Consejera de Cultura, Deporte
y Turismo | Kultura, Kirol eta
Turismo kontseilaria**
Rebeca Esnaola Bermejo

**Director General de Cultura-
Institución Príncipe de Viana |
Vianako Printzea-Kultura
Zuzendari Nagusia**
Ignacio Apezteguía Morentin

**Directora del Servicio de Museos
Museoen Zerbitzuko Zuzendaria**
Susana Irigaray Soto

**Jefa de la sección de Museo de
Navarra | Nafarroako Museoaren
atalburua**
Mercedes Jover Hernando

CATÁLOGO | KATALOGOA

Edición | Edizioa
Gobierno de Navarra.
Departamento de Cultura, Deporte
y Turismo. Nafarroako Gobernua.
Kultura, Kirol eta Turismo
Departamentua

Textos | Testuak
Txaro Fontalba
Ane Lekuona-Mariscal

Coordinación | Koordinazioa
Carmen Valdés Sagüés

Traducción | Itzulpena
Euskarabidea-Instituto Navarro del
Euskera. Euskarabidea-Euskararen
Nafar Institutua

Diseño gráfico | Diseinu grafikoa
Vera Estudio

Fotografías | Argazkiak
José Luis Larrión,
excepto / izan ezik
pág. / or. 14, 38 y 48-49,
Mertxe Sueskun
pág. / or. 18 y 44, Josetxo Altuna

Impresión | Inprimaketa
Industrias Gráficas Castuera

D.L. / L.G: NA 539-2025
ISBN: 978-84-235-3721-1

© De la presente edición | Edizio
honena: Gobierno de Navarra,
Pamplona, 2025. Nafarroako
Gobernua, Iruña, 2025
© De los textos | Testuena:
Sus autoras / Haien egileak
© De las fotografías | Argazkiena:
Sus autores / Haien egileak

**Promoción y distribución |
Sustapena eta banaketa**
Fondo de Publicaciones del
Gobierno de Navarra. Nafarroako
Gobernuaren Argitalpen Funtsa

Calle Navas de Tolosa, 21
Navas de Tolosa kalea, 21
31002 Pamplona / Iruña
Tel.: 848 427 121
fondo.publicaciones@navarra.es
https://publicaciones.navarra.es

EXPOSICIÓN | ERAKUSKETA

**Organización y producción
Antolaketa eta ekoizpena**
Museo de Navarra. Nafarroako
Museoa

Comisaria | Komisarioa
Txaro Fontalba

Coordinación | Koordinazioa
Carmen Valdés Sagüés

**Conservación y restauración
Kontserbazioa eta zaharberritzea**
Artres

Diseño | Diseinu
Conjunta Proyectos

Traducción | Itzulpena
Euskarabidea-Instituto Navarro del
Euskera. Euskarabidea-Euskararen
Nafar Institutua

Accesibilidad universal
Estudio Oscar Larrañeta

**Transporte y montaje
Garraioa eta muntaketa**
Moreno Vallés TransportaArte

Producción | Ekoizpena
Carpintería Ebanistería Odieta
Pinturas Galán
La Cartelería

Iluminación | Argiztapena
Félix Mendía Villanueva
(Museo de Navarra)

Presentación | Aurkezpena

Con el título *Mertxe Sueskun. Jugando, cuento* se presenta en el Museo de Navarra una selección representativa de las obras creadas durante más de cuatro décadas de trayectoria artística de una artista poco conocida en su tierra.

Mertxe Sueskun (Pamplona, 1946), de formación heterodoxa, se acercó al arte por casualidad, por sus circunstancias vitales que le permitieron acudir a la escuela de Deba en los años ochenta y después a cursos y talleres en Arteleku en Donostia-San Sebastian, hasta 1993. Si bien desde entonces ha expuesto en varias ocasiones, su presencia en el panorama artístico local ha sido discreta y la calidad de su obra no ha recibido la atención que merece.

El Museo de Navarra, en su función de apoyo a los artistas navarros, desea visibilizar a esta artista y dar a conocer su obra a un público más numeroso con una antológica, la primera exposición que revisa su producción desde finales de los años ochenta hasta la actualidad.

La mirada de esta revisión ha sido la de otra artista, Txaro Fontalba, que aceptó la propuesta del Museo de comisariar la exposición y que desde su perspectiva de escultora se ha acercado a las obras escultóricas y objetuales de Mertxe Sueskun con el objetivo de resignificar sus aportaciones en el campo de la escultura. A través de su investigación, sus reflexiones como artista y mujer y la escucha atenta a la propia autora y su producción, nos presenta más de cincuenta obras agrupadas en "constelaciones", un universo plasmado en el proyecto museográfico de Conjunta Proyectos.

La exposición se acompaña de este catálogo en el que tanto la comisaria como Ane Lekuona, profesora de historia del arte en la Universidad del País Vasco, exponen su visión de la obra de Mertxe Sueskun. La primera centrada en los procesos de formalización y materialización propios de la escultura, la segunda con un análisis historiográfico. Ambas escribieron tras una extensa entrevista con la artista en la que exploraron sus inicios, sus referentes, el sentido y evolución de su obra y otros aspectos del proceso creativo como la memoria, el habitar, la formalización y la materialidad.

Este proyecto se ha hecho realidad por la participación de muchas personas, pero, sin duda, la presencia activa, inspiradora y facilitadora de Mertxe Sueskun ha sido decisiva.

Mertxe Sueskun. Jostatuz, kontatu egiten dut titulupean Nafarroako Museoan aurkeztu da bere lurraldean oso ezaguna ez den artista batek lau hamarkada baino gehiagoko ibilbide artistikoan sortutako lanen aukeraketa adierazgarria.

Mertxe Sueskunek (Iruñea, 1946) prestakuntza heterodoxoa izan du, eta artera halabeharrez hurbildu zen, bere bizitza-inguruabarrek aukera eman baitzioten Debako eskolara joateko laurogeiko hamarkadan eta, ondoren, Artelekuko (Donostia) ikastaroetara eta tailerretara, 1993ra arte. Harrezkero behin baino gehiagotan erakusketak egin dituen arren, presentzia apala izan du tokiko panorama artistikoan eta haren obraren kalitateak ez du jaso merezi duen arreta.

Nafarroako Museoak, artista nafarrei laguntzea eginkizuna duen aldetik, artista hau ikusarazi nahi du, eta haren obra publiko ugariagoari ezagutzera eman nahi dio erakusketa antologiko baten bidez, non lehendabiziko aldiz artistaren ekoizpena berrikusten baita laurogeiko hamarkadaren bukaeratik gaurdaino.

Beste artista batek, Txaro Fontalbak, egin du berrikuspena; izan ere, erakusketaren komisarioa izateko Museoak luzatutako proposamena onartu zuen eta eskultore baten ikuspegitik Mertxe Sueskunen eskultura- eta objektu-lanetara hurbildu da, hark eskulturaren arloan egiten dituen ekarpenei beste esanahi bat emateko. Ikerketaren eta artista eta emakumea den aldetik egin duen gogoetaren bidez, bai eta egileari berari eta haren ekoizpenari arretaz entzunez ere, 50 lan baino gehiago aurkezten dizkigu, "konstelazioetan" taldekatuta, Conjunta Proyectos taldearen proiektu museografikoan islatu baita.

Erakusketarekin batera, katalogo hau dago, non komisarioak nahiz Euskal Herriko Unibertsitateko artearen historiako irakasle Ana Lekuonak Mertxe Sueskunen obrari buruzko haien ikuspegia adierazten baitute. Haietako lehendabizikoak eskulturaren berezkoak diren formalizazio- eta gauzatze-prozesuetan jarri du ardatza, eta bigarrenak analisi historiografikoa egin du. Biek artistarekin elkarrizketa luzea izan ondoren idatzi zuten. Elkarrizketan, haren hastapenak, erreferenteak, obraren zentzua eta bilakaera eta sormen prozesuaren bestelako alderdiak aztertu zituzten, hala nola, oroimena, nonbaiten bizitzea, formalizazioa eta materialtasuna.

Proiektu hau errealitate bihurtu da pertsona askok parte hartu baitute, baina, zalantzarik gabe, erabakigarria izan da Mertxe Sueskunen presentzia aktiboa, inspiratzailea eta erraztailea.

Rebeca Esnaola Bermejo
Consejera de Cultura, Deporte y Turismo. Gobierno de Navarra
Kultura, Kirol eta Turismo kontseilaria. Nafarroako Gobernua

Había una vez
Baziren behin

Txaro Fontalba

13

El proceso creativo del que deriva el acontecimiento de la obra de arte, trae consigo la dualidad de necesidad y contingencia y la tensión no resuelta que lo atraviesa.

Massimo Recalcati[1]

Artelanaren sorkuntza-prozesuak premia eta kontingentzia dualtasuna dakar berekin, baita hura zeharkatzen duen konpondu gabeko tentsioa ere.

Massimo Recalcati[1]

Este texto se centra en la obra escultórica de la artista navarra Mertxe Sueskun, no desde la mirada de una crítica o historiadora del arte, sino desde mi propia perspectiva como escultora. El proyecto surge de una invitación del Museo de Navarra para comisariar la exposición *Mertxe Sueskun. Jugando, cuento,* la cual presenta una selección representativa de obras escultóricas y objetuales creadas durante más de cuatro décadas de trayectoria artística.

La exposición tiene como objetivo principal resignificar las aportaciones de esta artista en el campo de la escultura y dar relevancia a su amplia trayectoria, contrarrestando así su discreta presencia en el contexto artístico local. La falta de reconocimiento ha sido común entre las artistas mujeres de su generación, una situación que el Museo de Navarra busca rectificar y reparar. Esta es la primera muestra que revisa su producción desde finales de los años ochenta hasta la actualidad.

Numerosos interrogantes surgieron al inicio de mi investigación desde mi posición como artista y mujer: ¿Qué implica "leer" o interpretar una obra o conjunto de obras como mujer? ¿Qué busco, quizás inconscientemente, en una obra cuando sé que ha sido creada por una mujer? ¿Cómo se manifiestan la singularidad y la

Testu hau Mertxe Sueskun artista nafarraren eskultura-lanean oinarritzen da, ez artearen kritikari edo historialariaren ikuspegitik, baizik eta nire ikuspegitik, eskultore naizen aldetik. Proiektu hau sortu zen Nafarroako Museoak *Mertxe Sueskun. Jostatuz, kontatu egiten dut* izeneko erakusketa komisariatzeko egindako gonbidapenetik. Erakusketan ageri da lau hamarkada baino gehiagoko ibilbide artistikoan sortutako eskultura- eta objektu-lanen aukeraketa adierazgarria.

Erakusketaren helburu nagusia da artista horrek eskulturaren arloan egindako ekarpenei beste esanahi bat ematea eta bere ibilbide luzeari garrantzia ematea, tokiko testuinguru artistikoan duen presentzia apalari aurre egiteko. Aintzatespenik eza ohikoa izan da bere belaunaldiko emakume artisten artean, eta Nafarroako Museoak zuzendu eta konpondu nahi du egoera hori. Hauxe da lehen aldia erakusketa batek 80ko hamarkadaren bukaeratik gaur egunera arteko bere ekoizpena berrikusten duela.

Galdera asko sortu ziren nire ikerketaren hasieran, artista eta emakume naizen aldetik: Zer esan nahi du obra bat edo obra multzo bat emakume gisa "irakurtzeak" edo interpretatzeak? Zer bilatzen dut, agian inkontzienteki, obra batean, emakume batek

1   RECALCATI, Massimo, *El secreto de Antoni Tàpies. Reflexiones sobre la poética del muro*, Barcelona, Ned Ediciones, 2020, p.10.

1   RECALCATI, Massimo, *El secreto de Antoni Tàpies. Reflexiones sobre la poética del muro*, Bartzelona, Ned Ediciones, 2020, 10. or.

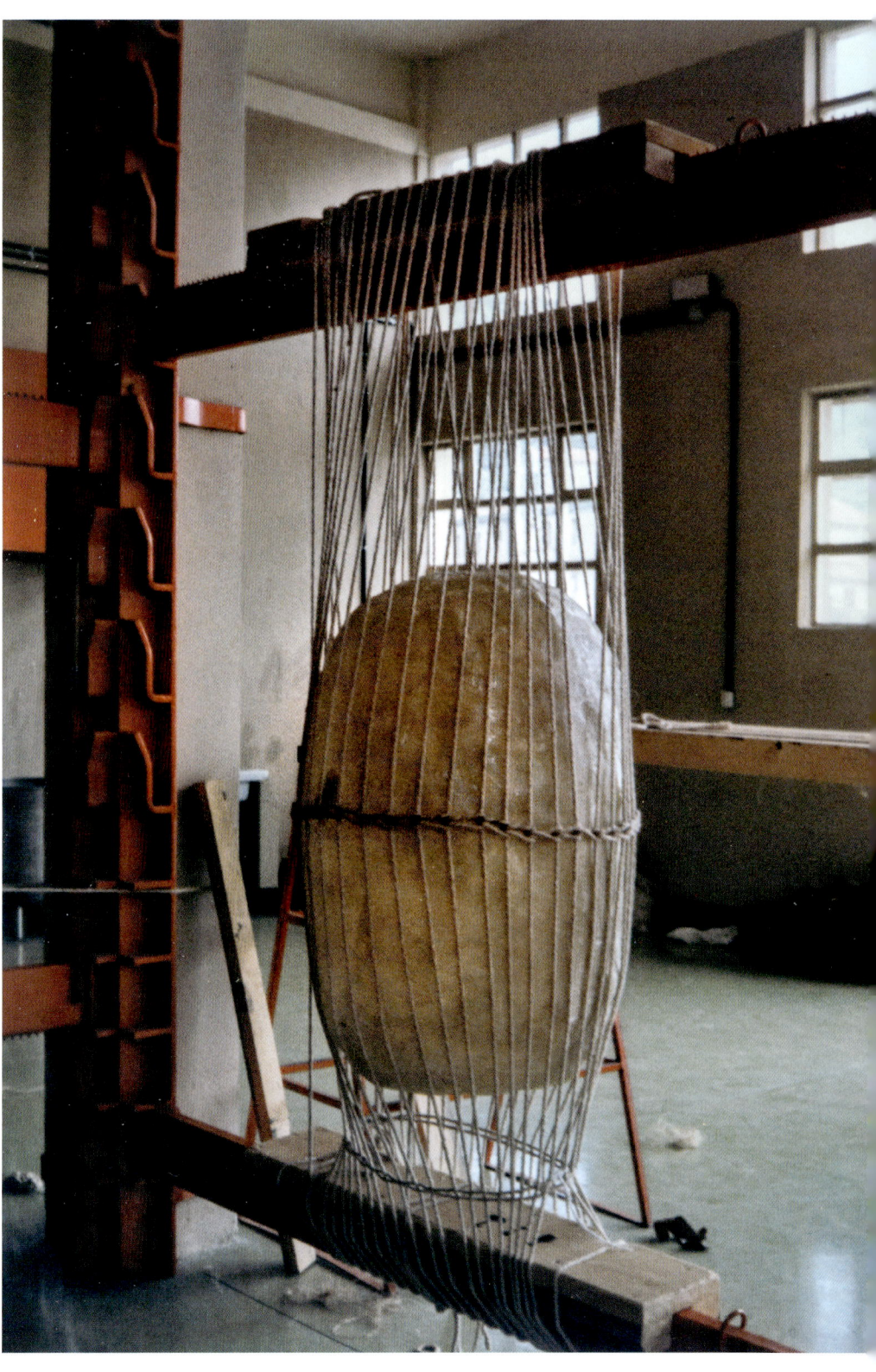

Obra en proceso
en el taller de Arteleku
(San Sebastián) en 1987.

Artelekuko tailerrean
(Donostia) 1987an
egiten ari zen lana.

15

diferencia en Mertxe Sueskun? ¿Cómo interrogar esta diferencia? ¿Qué resistencias encuentro? ¿A qué presto atención y qué paso por alto? ¿Qué agenda inconsciente llevo conmigo, derivada de mi propia autobiografía? ¿Cómo equilibro mi propio deseo en este proyecto, conjugando la distancia crítica y mis anhelos personales? Estas son algunas de las preguntas iniciales que, aunque no pueda responder con certeza, están presentes en este proyecto.

Desde el inicio sentí que no podía escribir y abordar este texto teniendo en cuenta solo mi propia voz. Necesitaba multiplicar y hacer intervenir un coro de voces. Desde el primer momento tuve claro que sería interesante incluir un diálogo y tensión entre un análisis historiográfico[2], y otro centrado en los procesos de formalización y materialización propios de la escultura, más cercanos a mis propios intereses. Además, me han acompañado otras voces a través de las citas que encabezan cada capítulo del presente texto, así como las numerosas notas a pie de página.

Este proyecto ha supuesto un trabajo de investigación, de relación y de escucha atenta con la propia autora y sus obras. Como parte de este estudio mantuvimos una extensa entrevista[3] en la que indagamos en sus inicios como artista y en su formación en la Escuela de Deba[4] y Arteleku[5], tomando también en cuenta lo afectivo y emocional en su proceso de aprendizaje. Exploramos sus referentes, el sentido y evolución de su obra, así como otros aspectos del proceso creativo, tales como la memoria, el habitar, la formalización y la materialidad.

sortu duela dakidanean? Nola adierazten ditu berezitasuna eta desberdintasuna Mertxe Sueskunek? Nola galdetu desberdintasun horri? Zer erresistentzia topatu ditut? Zertan paratu dut arreta eta zer utzi dut alde batera? Nire autobiografiatik eratorritako zein agenda inkontziente daramat nirekin? Nola orekatzen dut nire nahia proiektu honetan, distantzia kritikoa eta nire nahi pertsonalak uztartuz? Hauek dira proiektu honetan agertzen zaizkidan hasierako galderetako batzuk, ziurtasunez erantzun ezin badiet ere.

Hasieratik sentitu nuen ezin nuela testu hau idatzi eta landu nire ahotsa bakarrik kontuan hartuta. Ahots-multzo bat behar nuen. Hasiera-hasieratik argi izan nuen interesgarria litzatekeela elkarrizketa eta tentsioa sartzea azterketa historiografikoaren[2] eta eskulturaren berezko formalizazio- eta gauzatze-prozesuen azterketaren artean, prozesu horiek nire interesetatik hurbilago baitaude. Gainera, beste ahots batzuek ere lagundu didate, testu honetako kapitulu bakoitzaren goiburuan dauden aipamenen bidez, bai eta orri-oineko ohar ugarien bidez ere.

Proiektu hau egilearekin berarekin eta haren obrekin egindako ikertze, erlazionatze eta entzute lan bat izan da. Azterlan horren barruan, elkarrizketa[3] luze bat izan genuen, zeinetan aztertu baikenuen artista gisa hasi zenekoa, eta Debako Eskolan[4] eta Artelekun[5] izan zuen prestakuntza, ikaskuntza-prozesuan zera afektiboa eta emozionala ere kontuan hartuta. Haren erreferenteak, lanaren zentzua eta bilakaera aztertu ditugu, baita sorkuntza-prozesuaren beste alderdi batzuk ere, hala nola memoria, bizitzea, formalizazioa eta materialtasuna.

2   LEKUONA-MARISCAL, Ane, "Con la medida de la diferencia, jugar (seriamente). Algunos apuntes sobre la trayectoria y obra de Mertxe Sueskun", incluido en este catálogo.

3   En septiembre de 2024, Ane Lekuona-Mariscal y yo mantuvimos una extensa entrevista con Mertxe Sueskun. Agradezco su generosidad y el tiempo dedicado en un diálogo cercano, cálido y de confianza, en el que la artista nos reveló vivencias y anécdotas personales.

4   La Escuela Experimental de Arte de Deba, situada en la localidad guipuzcoana homónima, fue creada y organizada por el escultor vasco Jorge Oteiza en 1969. Se orientó principalmente a la preparación técnica y experimental en las prácticas de escultura, grabado y fundición.

5   Arteleku, el centro de arte contemporáneo creado en 1984, dependiente de la Diputación Foral de Gipuzkoa y ubicado en Loiola, San Sebastián, fue un centro de carácter vanguardista y taller-escuela no académico, abierto a creadores, con cesión de espacios de trabajo e importantes biblioteca y centro de documentación especializados.

2   LEKUONA-MARISCAL, Ane, "Desberdintasun neurriarekin (serioski) jolastu. Mertxe Sueskuren ibilbide eta lanari buruzko ohar batzuk", katalogo honetan sartu dugun testua.

3   2024ko irailean, Ane Lekuona-Mariscalek eta nik elkarrizketa luze bat izan genuen Mertxe Sueskunekin. Eskertzen dut bere eskuzabaltasuna eta hurbileko elkarrizketa bero eta konfiantzazkoan emandako denbora, non artistak bizipen eta anekdota pertsonalak erakutsi zizkigun.

4   Debako Arte Eskola Esperimentala, Gipuzkoako izen bereko herrian kokatua, Jorge Oteiza euskal eskultoreak sortu eta antolatu zuen 1969an. Eskultura, grabaketa eta galdaketako praktiketan prestakuntza tekniko eta esperimentalera bideratu zen nagusiki.

5   Arteleku arte garaikideko zentroa izan zen, 1984an sortua, Gipuzkoako Foru Aldundiaren mendekoa eta Loiolan (Donostia) kokatua. Abangoardiako zentroa eta eskola ez-akademikoa izan zen, sortzaileei irekia, eta lanerako espazioak, liburutegi garrantzitsuak eta dokumentazio-zentro espezializatuak laga zizkien.

Absolutamente necesario, absolutamente contingente

Mi primer encuentro con su obra fue en 2017, con ocasión de su memorable exposición *Continentes, contenidos y otros cuentos* en la Ciudadela de Pamplona. Esta muestra me produjo un gran efecto y quedó grabada en mi memoria por su afinidad con Joan Brossa, artista al que admiro.

De formación heterodoxa, la trayectoria artística de Mertxe comienza en los años ochenta en la Escuela de Deba continuando con talleres y cursos en Arteleku hasta 1993. Mertxe no se define como una artista vocacional. Explica que se acercó al arte por casualidad "como quien se tira al mar". No recuerda haber tenido conciencia de artista, como ella misma dice "aprendimos a tenerla la generación que accedimos a estudiar Bellas Artes". Tiene claro que parte de otras premisas, marcadas por su propio contexto vital.

Esta casualidad inicial se ha ido convirtiendo en algo necesario y sostenido a lo largo de más de cuatro décadas. Lo que empezó por azar se convierte en necesidad, anudando "el tiempo de la necesidad con aquel de la contingencia"[6]. Pero ¿cómo se explica esta trayectoria, prueba de persistencia y resistencia, si no hubiera algo muy importante en juego?

Desde su posición de mujer artista, es consciente de la importancia de dejar un legado: "Yo no soy una feminista así declarada, pero sí pensaba, desde el momento que estoy haciendo algo, y estoy haciendo algo que se sale de lo normal, porque es así, yo estoy aportando algo como mujer"[7]. El paso por Arteleku la puso en contacto con numerosos talleres y actividades realizadas por mujeres artistas, aunque en aquellos años la cuestión del feminismo no estaba presente de manera explícita, ni en los debates de arte contemporáneo en España ni en el País Vasco[8].

Su trayectoria artística, como la de tantas mujeres artistas, ha sufrido intermitencias. Son huecos que las vicisitudes de la vida abren en los currículos, posiblemente por causa del tiempo dedicado a los cuidados familiares y al maternaje. Me pregunto:

Guztiz beharrezkoa, guztiz kontingentea

Lehen topaketa 2017an izan nuen, *Edukitzaileak, edukinak eta beste eduki batzuk* erakusketa gogoangarria egin zuenean Iruñeko Ziudadelan. Erakusketa horrek eragin handia izan zuen nigan, eta nire memorian grabatuta geratu zen, miresten dudan Joan Brossa artistarekiko afinitateagatik.

Prestakuntza heterodoxokoa izaki, Mertxeren ibilbide artistikoa 80ko hamarkadan hasi zen Debako Eskolan, eta Artelekun tailerrak eta ikastaroak egiten jarraitu zuten 1993ra arte. Mertxek ez du bere burua bokaziozko artistatzat. Azaldu duenez, kasualitatez hurbildu zen artera, "bere burua itsasora botatzen duenaren antzera". Ez du gogoratzen artistaren kontzientzia izan duenik, berak dioen bezala "Arte Ederrak ikasten hasi ginen belaunaldia ginen, eta kontzientzia hori izaten ikasi genuen". Argi du bere abiaburuak beste batzuk direla, bizi-testuinguruak markatutako beste premisa batzuk.

Hasierako kasualitate hori zerbait beharrezko eta iraunkor bihurtu da lau hamarkada baino gehiagotan. Zoriz hasi zena premia bihurtu da, "beharraren denbora kontingentziaren denborarekin"[6] lotuz. Baina, nola azaldu ibilbide hori, iraunkortasunaren eta erresistentziaren froga dena, jokoan zerbait oso garrantzitsua ez balego?

Emakume artista den aldetik, ondare bat uzteak duen garrantziaz jabetzen da: "Ni ez naiz feminista, horrela, deklaratu bat, baina banuen ustea, bada, zerbait egiten ari naizenez, eta normaltasunetik ateratzen den zerbait denez, zera, emakume gisa ekarpen bat egiten ari naizela"[7]. Artelekuko bizipenek harremanetan jarri zuten emakume artistek egindako tailer eta jarduera ugarirekin, nahiz eta urte haietan feminismoaren gaia ez zegoen esplizituki jasota, ez Espainiako ezta Euskal Herriko arte garaikidearen eztabaidetan ere[8].

Haren ibilbide artistikoak, beste hainbeste emakume artistarenak bezala, aldizkakotasunak izan ditu. Hutsune horiek bizitzaren gorabeherek irekitzen dituzte curriculumetan, beharbada

6   RECALCATI, *op. cit.*, p. 11.
7   SUESKUN, Mertxe, Entrevista con la autora, septiembre de 2024. Todas las citas de Mertxe Sueskun que se mencionan en este texto proceden de esta entrevista.
8   Para más información sobre los feminismos en la historia de Arteleku consultar: GARBAYO-MAEZTU, Maite, "De lo estrictamente artístico al feminismo porno-punk: mutaciones de los feminismos en la historia de Arteleku", *AKMEKA // EHU.UPV // MNCARS* (2019). URL: https://artywarhol.com/wp-content/uploads/2021/04/MICRORRELATOS-GARBAYO-v8.pdf. Última consulta en octubre de 2024.

6   RECALCATI, *op. cit.*, 11. or.
7   SUESKUN, Mertxe, elkarrizketa egilearekin, 2024ko irailean. Testu honetan aipatzen diren Mertxe Sueskunen aipamen guztiak elkarrizketa horretatik datoz.
8   Artelekuren historian feminismoari buruzko informazio gehiago nahi izanez gero: GARBAYO-MAEZTU, Maite, "De lo estrictamente artístico al feminismo porno-punk: mutaciones de los feminismos en la historia de Arteleku", *AKMEKA // EHU.UPV // MNCARS* (2019). URLa: https://artywarhol.com/wp-content/uploads/2021/04/MICRORRELATOS-GARBAYO-v8.pdf Azken kontsulta 2024ko urrian egin zen.

¿por qué no señalar estos aparentes vacíos o lapsos? ¿Es posible elaborar relatos alternativos que cuestionen la oficialidad de los currículos dominantes y lo que se exige o presupone a un artista contemporáneo en la actualidad? En la construcción de una vida es tan importante lo que se hace como lo que no se hace. La trayectoria de Mertxe Sueskun me hace ver la afinidad fundamental que existe entre la obra de arte y el acto de resistencia. Su práctica en el arte le permitió trascender los límites impuestos que marcaban a las mujeres en su generación.

Esta no es una exposición cronológica

La obra no se presenta en la exposición ni en el presente catálogo mediante un recorrido cronológico o por etapas, sino que se han agrupado en conjuntos o constelaciones. Estos conjuntos no responden a criterios temáticos, sino a agrupaciones basadas en características formales, materiales y afectivas. La exposición revelará la singularidad del trabajo artístico de Mertxe Sueskun, persistente en la utilización del lenguaje geométrico, siempre atento a las evocaciones de lo cotidiano, lo leve y lo cercano.

Una característica esencial en la obra de Mertxe Sueskun es la potencia formal de materiales prefabricados y objetos manufacturados que revelan sus cualidades táctiles, evocadoras y poéticas. Estos se manifiestan, en primer lugar, como materialidad y presencia. Me interesa especialmente realizar una lectura de la obra de Sueskun desde teorías actuales de la crítica y filosofía contemporánea, como es el "giro material", que plantea un retorno a pensar en la materialidad de la obra y en la agencia de las cosas. Se trata de desvelar sus condiciones materiales, su complejidad procesual y su cualidad presencial, y de explicar la escultura como un campo de experiencia.

El trabajo de Mertxe Sueskun se ha desarrollado al margen del dominio hegemónico de los conceptualismos, que asumen la superioridad de la idea sobre la formalización. Su obra se sitúa en un terreno que, en parte, se resiste al discurso. Como toda artista elige sus materiales, modos y medios, pero sabe que la obra no surge únicamente de decisiones conscientes y que es posible trabajar de manera más intuitiva, poniendo en juego otros saberes que escapan al discurso.

Este texto supone una aportación subjetiva y, por lo tanto, necesariamente parcial y fragmentada. Donna Haraway propuso la objetividad feminista

familia-zaintzan eta amagintzan emandako denboraren ondorioz. Nire buruari galdetzen diot: zergatik ez adierazi itxurazko hutsune edo lapsus horiek? Posible al da kontakizun alternatiboak egitea, zalantzan jartzeko curriculum nagusien ofizialtasuna eta artista garaikide bati gaur egun eskatzen zaiona? Bizitza eraikitzeko orduan, egiten dena egiten ez dena bezain garrantzitsua da. Mertxe Sueskunen ibilbideak artelanaren eta erresistentzia-ekintzaren artean dagoen funtsezko kidetasuna ikusarazten dit. Artean izandako jardunari esker, bere belaunaldiko emakumeek zituzten mugak gainditu ahal izan zituen.

Hau ez da erakusketa kronologikoa

Erakusketa honetan eta katalogoan ez da lana azaltzen ibilbide kronologiko baten bidez edo etapaka; aitzitik, multzotan edo konstelaziotan bildu da. Multzo horiek ez datoz bat irizpide tematikoekin, ezaugarri formal, material eta afektiboetan oinarritutako taldekatzeekin baizik. Mertxe Sueskunen lan artistikoaren berezitasuna agerian jartzen du erakusketak. Lengoaia geometrikoa etengabe darabil, egunerokotasuna, arintasuna eta hurbiltasuna oinarri.

Mertxe Sueskunen obraren funtsezko ezaugarrietako bat material aurrefabrikatuen eta objektu manufakturatuen potentzia formala da, ukimen-, oroimen- eta poetika-ezaugarriak agerian uzten baitituzte. Horiek, lehenik eta behin, materialtasun eta presentzia gisa ageri dira. Bereziki interesatzen zait Sueskunen lanaren irakurketa bat egitea kritika eta filosofia garaikidearen egungo teorietatik, hala nola "bira materiala", lanaren materialtasuna eta gauzen agentzia berriz pentsatzera bultzatzen duena. Xedea da haren baldintza materialak, prozesu-konplexutasuna eta aurrez aurreko nolakotasuna ageriko egitea, eta eskultura esperientzia-eremu gisa azaltzea.

Mertxe Sueskunen lana kontzeptualismoen nagusitasun hegemonikotik kanpo garatu da, horiek onartzen baitute ideia formalizazioaren gainetik dagoela. Bere obra, neurri batean, diskurtsoari aurre egiten dion eremuan kokatzen da. Artista ororen gisa, bere materialak, moduak eta bitartekoak aukeratzen ditu, baina badaki lana ez dela erabaki kontzienteetatik bakarrik sortzen, eta modu intuitiboagoan lan egin daitekeela, diskurtsotik kanpo dauden beste jakintza batzuk jokoan jarriz.

Testu hau ekarpen subjektiboa da, eta, beraz, nahitaez partziala eta zatikatua. Donna Harawayk egungo ezagutzaren objektibotasun

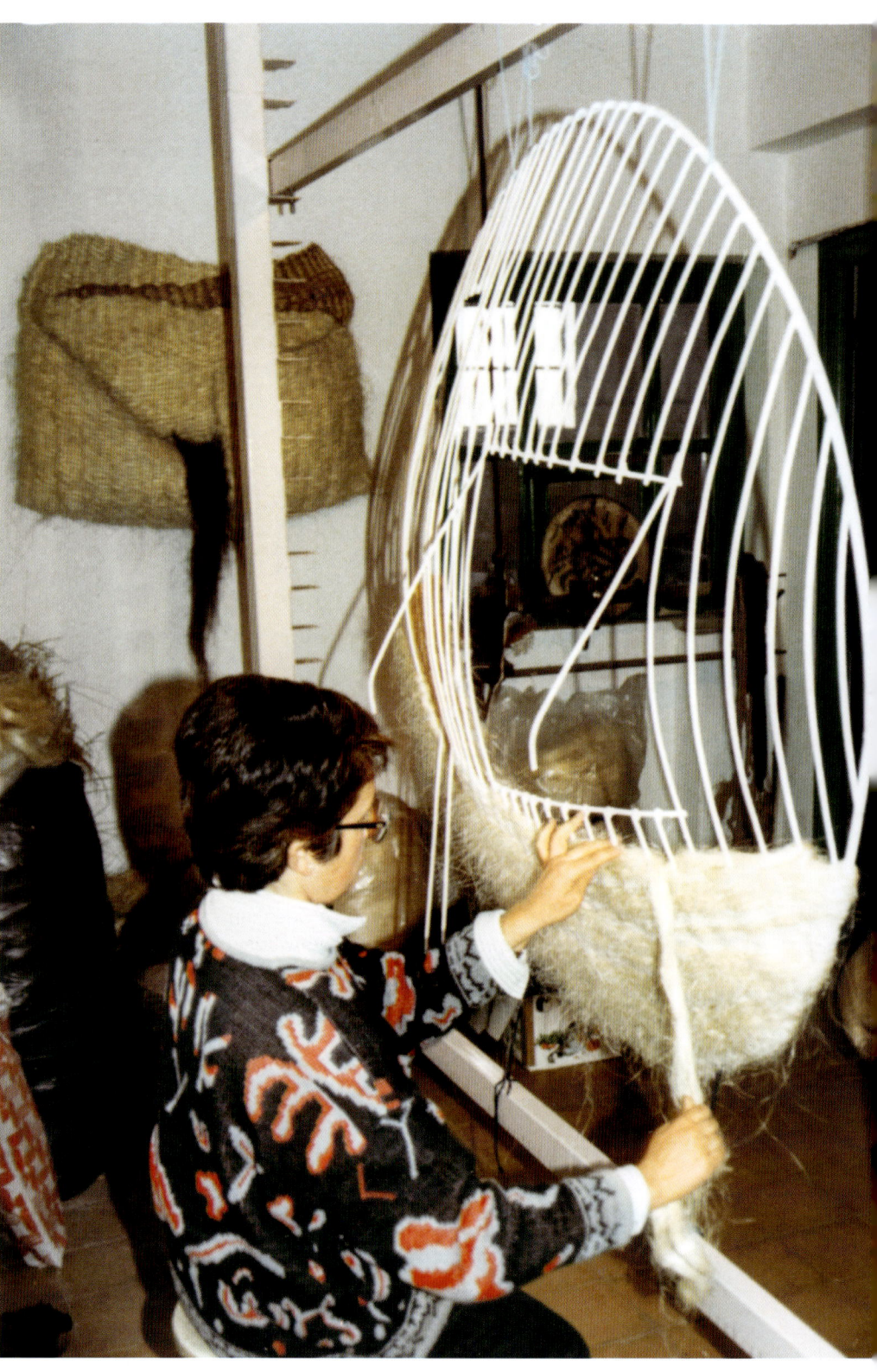

Mertxe Sueskun realizando
una de sus obras de fibra
textil en el antiguo matadero
de Elgoibar en 1989.

Mertxe Sueskun, ehun-
zuntzezko lanetako bat
egiten Elgoibarko hiltegi
zaharrean, 1989an.

del conocimiento situado, afirmando que "únicamente la perspectiva parcial promete una visión objetiva"[9]. Mi deseo es que esta perspectiva sea una mirada cómplice que aporte un conocimiento implicado.

He querido ofrecer una atención generosa, guiada por el respeto y el afecto. Agradezco la hospitalidad de Mertxe y esta oportunidad que ha supuesto un reto y una ocasión de aprendizaje para mí.

PEINAR HEBRAS, CEPILLAR EL TIEMPO

Hilos o cabos —nunca sueltos— que vuelven a anudarse

para que alguna imagen adquiera consistencia y recupere

su ardor.

Chantal Maillard[10]

Desde 1988 y a lo largo de la década de los noventa, Mertxe Sueskun emplea fibras vegetales, telas y técnicas textiles en una extensa serie de obras escultóricas. Estas creaciones traen al presente recuerdos de su infancia, evocaciones de la casa e imágenes del agua que fluye. Sueskun se inició en las prácticas textiles en Arteleku, donde el taller de textil fue uno de los primeros y más completos en equiparse. Allí, participó en varios cursos dirigidos por Consuelo Gómez, artista de reconocido prestigio en este ámbito.

Entre las décadas de 1960 y 1980, los movimientos feministas adoptaron la práctica cultural del textil como herramienta de resistencia. Esta acción otorgó valor a una actividad culturalmente minusvalorada e identificada con lo femenino, lo doméstico, lo utilitario, lo manual y lo decorativo. Griselda Pollock señala que la producción textil no ha recibido el reconocimiento merecido en la historia y afirma que "en el textil reside un valor cultural profundo"[11]. Al visibilizar estas labores tradicionales de las mujeres, se subvirtió la

feminista proposatu zuen, eta adierazi zuen "perspektiba partzialak soilik promes dezakeela ikuspegi objektiboa"[9]. Nire nahia da ikuspegi hori begirada konplize bat izatea, ezagutza inplikatu bat ekarriko duena.

Arreta eskuzabala eskaini nahi izan dut, errespetuan eta afektuan oinarrituta. Mertxeren abegikortasuna eskertzen dut, bai eta aukera hori ere, erronka eta ikasteko aukera izan baita niretzat.

HARIAK ORRAZTU, DENBORA ESKUILATU

Soka edo hariak — ez dilindakoak — berriro lotzen direnak

irudiren batek lor dezan sendotasuna bai eta berreskura

irrika.

Chantal Maillard[10]

1988tik eta 90eko hamarkadan zehar, Mertxe Sueskunek landare-zuntzak, oihalak eta ehun-teknikak erabili zituen eskultura-lan ugaritan. Sorkuntza horiek gogora dakartzate haurtzaroko oroitzapenak, etxearen gomuta, eta ura, dariola. Sueskun ehungintzako praktiketan hasi zen Artelekun. Hain zuzen ere, ekipatzen lehenetarikoa eta osatuenetakoa izan zen ehungintzako tailerra. Han, Consuelo Gómezek zuzendutako hainbat ikastarotan parte hartu zuen. Sona handiko artista zen arlo horretan.

1960ko eta 1980ko hamarkadetan, mugimendu feministek ehungintzaren praktika kulturala hartu zuten erresistentzia-tresna gisa. Ekintza horrek balioa eman zion kulturalki gutxietsitako eta emetasunarekin, etxekotasunarekin, erabilgarritasunarekin, eskulanarekin eta dekorazioarekin identifikatutako jarduera bati. Griselda Pollock-ek adierazi du ehungintzak ez duela historian merezitako aintzatespena jaso, eta adierazi du "ehungintzak balio kultural sakona duela"[11]. Emakumeen lan tradizional horiek ikusaraztean, bitartekoen, tresnen

9 HARAWAY, Donna, *Ciencia, cyborg y mujeres: la reinvención de la naturaleza*, Madrid, Ediciones Cátedra, p. 326.

10 MAILLARD, Chantal, *Medea*, Barcelona, Tusquets Editores, 2020, p. 18.

11 POLLOCK, Griselda, *Diferenciando el canon. El deseo feminista y la escritura de las historias del arte,* Madrid, Exit Media, 2022, p. 61.

9 HARAWAY, Donna, *Ciencia, cyborg y mujeres: la reinvención de la naturaleza*, Madril, Ediciones Cátedra, 326. or.

10 MAILLARD, Chantal, *Medea*, Bartzelona, Tusquets Editores, 2020, 18. or.

11 POLLOCK, Griselda, *Diferenciando el canon. El deseo feminista y la escritura de las historias del arte,* Madril, Exit Media, 2022, 61. or.

jerarquía de medios, instrumentos y materiales en el arte, cuestionando así la estrecha relación entre valor y género.

En 1992, cuando participé en el taller "La voluntad residual. Parábolas del desenlace" de Pepe Espaliú, el textil ya estaba perdiendo protagonismo en Arteleku. El interés por los nuevos materiales en escultura provocó que el textil dejara de "ser una práctica artística cerrada en sí misma y se desbordó, pasando a ser un elemento más de los muchos que reconfiguraban lo matérico en la escultura"[12]. Desde finales del siglo XX hasta nuestros días, la práctica textil se ha integrado en el hacer y en los proyectos de arte contemporáneo, coexistiendo al mismo nivel con otros materiales. También en la trayectoria de Mertxe Sueskun se observa una confluencia de lo textil con otros materiales, procesos y modos de expresión.

Fantaseo con la idea de que Mertxe y yo nos cruzamos en Arteleku durante el taller que dirigió Espaliú. Algo así debió ocurrir, pues cuando me reencontré con la obra de Mertxe para este proyecto de comisariado, sus trabajos de aquellos años me resultaban completamente familiares. La pieza *Elkartasuna* (1996) (pág. 55), construida con una caja de embalaje reutilizada que contiene fibra de sisal entrelazada, es un homenaje a Pepe Espaliú. El sisal trenzado y anudado evoca el cruce de manos de las parejas que participaron en la célebre performance *Carrying* de Espaliú. Este entrelazado simboliza el gesto de las manos que sirven de muleta, sosteniendo al artista enfermo de sida y protegiéndolo de tocar el suelo.

La casa como concepto axial de nuestra condición humana está presente en algunas obras de Mertxe Sueskun. En *Ganbara* (1995) (pág. 56), la estructura semiesférica de sisal suspendida en la pared, con elementos geométricos que evocan claramente ventanas, puertas y persianas, trae al presente evocaciones de la casa. Cuando Mertxe habla del origen de algunas de sus esculturas, nos relata anécdotas, historias y momentos de su infancia, como las visitas a la casa rural de su abuela, que revive en esta obra.

Si atendemos a la etimología de la palabra *casa*, vemos que deriva del latín *casa*, con el significado de "choza", "cabaña" o "habitación hecha de estacas y ramas". Esto nos evoca un tipo de construcción rural, precaria, hecha de

eta materialen hierarkia arte bihurtu zen, eta, horrela, zalantzan jarri zen balioaren eta generoaren arteko lotura estua.

1992an, parte hartu nuenean Pepe Espaliú-ren "Hondar-borondatea. Bukaerako parabolak" tailerrean, ehungintza jada protagonismoa galtzen ari zen Artelekun. Eskulturako material berriekiko interesaren ondorioz, ehungintzak "bere baitan itxitako praktika artistikoa izateari utzi zion eta gainezka egin zuen; eskulturaren alderdi materikoa berregituratzen zuten beste elementu askoren arteko beste bat izatera pasatu zen"[12]. XX. mendearen amaieratik gaur egunera arte, ehungintza egikeran eta arte garaikideko proiektuetan integratu da, beste material batzuen maila berean. Mertxe Sueskunen ibilbidean ere ikusten da ehungintza bat datorrela beste material, prozesu eta adierazpen-modu batzuekin.

Amets egiten dut Mertxe eta biok Artelekun gurutzatu ginela Espaliúk zuzendu zuen tailerrean. Horrelako zerbait gertatu bide zen; izan ere, komisariotza-proiektu honetarako Mertxek egindako obrarekin topo egin nuenean, urte haietako lanak guztiz ezagunak nituen. *Elkartasuna* pieza (1996) (55. or.), Pepe Espaliú-ri egindako omenaldia da. Pieza hori eraiki zen sisal-zuntz korapilatua duen paketatze-kaxa berrerabiliarekin. Sisal txirikordatu eta lotuak gogora ekartzen du Espaliuren *Carrying* performance ospetsua eta nola bertan parte hartu zuten bikotekideek eskuak gurutzatu zituzten. Korapilatze horrek sinbolizatzen du makulu-lana egiten duten eskuen keinua, hiesa duen artistari eusten diotela, zorutik babestuz.

Etxea, gure giza izaeraren kontzeptu axial gisa, presente dago Mertxe Sueskunen zenbait lanetan. *Ganbaran* (1995) (56. or.), horman esekitako sisalezko esferaerdi formako egiturak, leiho, ate eta pertsianak nabarmen iradokitzen dituzten elementu geometrikoak dituenak, gaurko egunera ekartzen dizkigu etxearen oroitzapenak. Mertxek bere eskultura batzuen jatorriaz hitz egiten duenean, bere haurtzaroko anekdotak, istorioak eta uneak kontatzen dizkigu, hala nola amatxiren landako etxera egindako bisitak, obra honetan gogora datozkionak.

Etxe hitzaren gaztelaniazko adieraren, hots, *casa* hitzaren etimologiari erreparatzen badiogu, *casa* latinetik datorrela ikusiko dugu, "etxola", "ola" edo "hesolez eta adarrez egindako gela" esanahiarekin. Horrek landa-eraikuntza mota bat

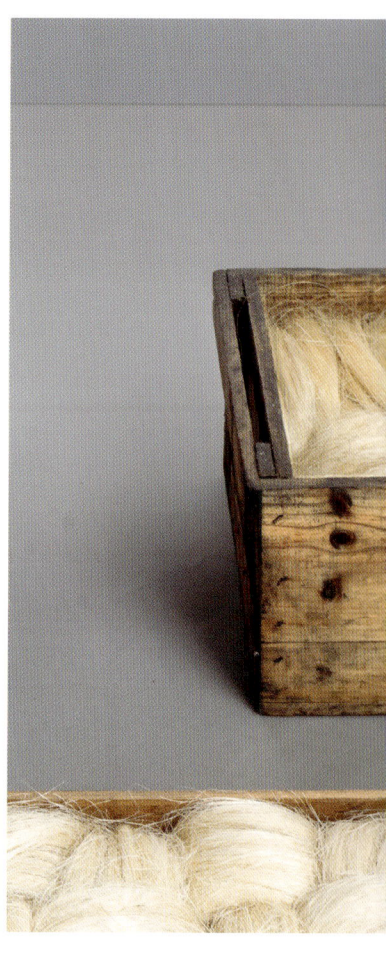

12 GARBAYO-MAEZTU, *op. cit.*, p. 3.

12 GARBAYO-MAEZTU, *op. cit.*, 3. or.

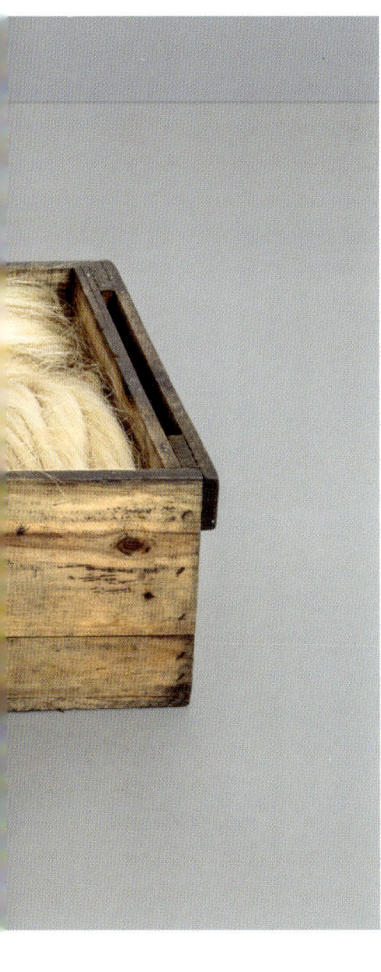

ramas y palos. Según Covarrubias, la palabra latina *casa* proviene a su vez del hebreo *kisá*, que significa "tejer" y "cubrir", que son las acciones que Mertxe realiza con el material textil.

Me gustaría especular un poco con la palabra en euskera que refiere el apellido de la artista: *sueskun*[13]. Aunque su etimología es incierta, juego con la idea de que está relacionado con lo vegetal, como "lugar de árboles bravíos", evocando algo silvestre, sin domesticar. Mertxe, mediante la fuerza tejedora de las plantas, construye un lugar habitable. La etimología de "habitar" se relaciona también con *habere*, como acción que se repite. Habitar es siempre volver, regresar una y otra vez a un lugar. Es invocar nuestra memoria como el lugar al que retornamos.

En *Sin título* (1996) (pág. 59) la figura del nudo reaparece. Un nudo-abrazo, un abrazo-nudo de tela y fibra textil. Un nudo corazón vegetal que evoca una crin animal. ¿Qué somos sino una urdimbre de nudos y ataduras? Estamos hechos de las hebras, trazas y líneas que la vida va dejando en cada una: los encuentros, las palabras y también las pérdidas, lo que hemos amado y lo que hemos dejado atrás. Somos intimidad, cuerdas anudadas hacia dentro y hacia fuera, sin distinción entre el interior y el exterior.

Imagino el trabajo meticuloso que realizan las manos de Mertxe, sus dedos que atan y desatan el mundo con paciencia. Tejer, anudar, hilar, peinar, cepillar, entrelazar y desenredar son gestos cotidianos. Griselda Pollock señala que "el arte que permanece apegado a las prácticas de la vida cotidiana también mantiene este arte vinculado al ámbito de la Madre"[14]. Cuidar, ordenar, suavizar son gestos maternales sobre el material. Una cuerda atada puede desatarse para volver a atarse de otro modo, renovando así el deseo y el recuerdo. Recordar es retejer, volver a anudar, reanudar los nudos.

Sin título (1988) (pág. 53) es una obra que consiste en un elemento vertical: un palo de madera apoyado en el suelo al que se anuda o enreda un "mechón" de sisal. La artista nos cuenta que en el origen de esta obra está la evocación de un recuerdo, la visión de lo que queda retenido en un puente tras una riada. "Las ideas son como un riachuelo. El agua

ekartzen digu gogora, ezegonkorra, adarrez eta makilez egina. Covarrubiasen arabera, latinezko *casa* hitza, aldi berean, hebraierazko *kisá*tik dator. Hitz horrek "ehuntzea" eta "estaltzea" esan nahi du, eta horiek dira Mertxek ehun-materialarekin egiten dituen ekintzak.

Pixka bat espekulatu nahiko nuke, artistaren euskal deiturarekin: *sueskun*[13]. Etimologia zalantzazkoa bada ere, jolas egiten dut ideia batekin, landarediarekiko loturarekin, "zuhaitz basak dauden leku" edo halako zerbait delakoan, etxekotu gabeko zera bat, basatia. Mertxek, landareen ehuntzeko indarraren bidez, leku bizigarri bat eraikitzen du. "Bizi izan" hitzaren gaztelaniazko adiera, "habitar", "habere" hitzaren etimologiarekin lotzen da, hots, ekintza errepikatuarekin. Bizi izatea beti da bueltatzea, behin eta berriz toki berera itzultzea. Gure oroimenera jotzea da, hura baita itzultzen garen lekua.

Izenbururik gabea lanean (1996) (59. or.) korapiloaren irudi hori berriro agertzen da. Korapilo-besarkada bat, oihalezko eta ehun-zuntzezko besarkada-korapilo bat. Landare bihotz-korapilo bat, animalia-zurda bat gogorarazten duena. Zer gara, ez bada, korapilo eta loturen irazki bat? Bizitzak lotura bakoitzean uzten dituen hariz, arrastoz eta lerroz eginda gaude: topaketak, hitzak eta baita galerak ere, maitatu izan duguna eta atzean utzi duguna. Intimitatea gara, barrurantz eta kanporantz lotutako sokak, barnealdearen eta kanpoaldearen artean bereizketarik egin gabe.

Imajinatzen dut Mertxeren eskuek egiten duten lan zehatza, haren hatzek egiten dutena eta mundua pazientziaz lotzen eta askatzen dutena. Ehuntzea, lotzea, irutea, orraztea, eskuilatzea, korapilatzea eta askatzea eguneroko keinuak dira. Griselda Pollock-ek adierazi duenez, "eguneroko bizitzako zereginei lotuta dagoen arteak, arte hori, Amaren eremuari lotuta ere mantentzen du"[14]. Zaintzea, ordenatzea eta leuntzea materiali buruzko keinu amatiarrak dira. Soka lotu bat askatu egin daiteke beste modu batera lotzeko, horrela, desira eta oroitzapena berrituz. Gogoratzea berriz ehuntzea da, berriz lotzea, korapiloak birlotzea.

Izenbururik gabea (1988) (53. or.) elementu bertikal bat duen obra bat da: zurezko makila

---

13 De *zuaz*, contracción de *zugatz*, "árbol bravío" y -*kun*, -*gune*, "lugar de". *Eusko Ikaskuntza*. URL: https://aunamendi.eusko-ikaskuntza.eus/es/suescun/ar-104258/. Última consulta en octubre de 2024.

14 POLLOCK, *op. cit.*, p. 62.

13 *zuaz*, *zugatz* hitzaren kontrakzioa, eta -kun, -gune, "lekua". *Eusko Ikaskuntza*. URL: https://aunamendi.eusko-ikaskuntza.eus/es/suescun/ar-104258/. Azken kontsulta 2024ko urrian egin zen.

14 POLLOCK, *op. cit.*, 62. or.

baja, en unos sitios se remansa y humedece la tierra, y en otros pasa. Con las ideas ocurre algo parecido". Una vez más, la artista transforma una imagen o un recuerdo —un remolino súbito en un curso de agua— en una escultura. El agua, como el tiempo, fluye y se escapa. No hay modo de controlar el tiempo, por eso lo intentamos a través del espacio, como si quisiéramos clavar una estaca en la corriente del tiempo o ponerle un dique que lo detenga por un instante, aunque tarde o temprano, también se lo llevará por delante. El sisal, un material que evoca el pelo, se moldea de manera similar y conserva la memoria de su manipulación. Con el paso del tiempo, sus cualidades se alteran, poniendo de manifiesto lo efímero y la naturaleza perecedera de la existencia.

Es propio de la escultura y de la materia evocar presencia y exterioridad. "El tacto nos permite una confirmación inmediata de la tridimensionalidad, que es la forma de todas las cosas"[15]. Los materiales y objetos que Mertxe utiliza sirven a un pensamiento táctil, a un espacio háptico de naturaleza afectiva, que nos conmueve y activa de manera misteriosa y espontánea.

La idea de lo textil y la trama se transformará en obras posteriores en retículas, redecillas, mallas y urdimbres, como en las obras *Elkartasuna* (1996), *Arantzak* (1996), *¿Juego de damas?* (1996) y en toda la serie de obras relacionadas con los mosaicos. También se extenderá a objetos cotidianos —cepillos, brochas de afeitar, peines, bobinas de hilos de colores— en referencia al cuerpo, al pelo y la piel, como en las obras *Zaindu* (1995), *Zu ta ni / Tú y yo* (2015) o *Esperándote* (1995), que recuerdan a Meret Oppenheim y su *Desayuno con pieles,* uno de los iconos del surrealismo.

bat lurrean bermatuta, sisalezko "xerlo" bat lotuta duena. Artistak kontatzen digu lan honen jatorrian oroitzapen bat dagoela, uholdearen ondoren zubian atxikia geratzen denaren ikuspegia. "Ideiak errekasto baten modukoak dira. Urek behera egiten dute, zenbait tokitan bildu egiten dira eta lurra hezetu; beste toki batzuetan, berriz, etorri ahala joaten da. Ideiekin antzeko zerbait gertatzen da". Beste behin ere, artistak irudi edo oroitzapen bat —ur-ibilgu batean bat-bateko zurrunbilo bat— eskultura bihurtzen du. Urak, denborak bezala, ihes egiten du. Ez dago denbora kontrolatzeko modurik. Hori dela eta, espazioaren bidez saiatzen gara, denboraren joanean hesola bat sartu edo dike bat jarri nahiko bagenio bezala, une batez geldiarazteko, nahiz eta jakin lehenago edo beranduago gaindituko duela. Sisalak, ilea gogorarazten du, antzera moldatzen da eta manipulazioaren memoria gordetzen du. Denborak aurrera egin ahala, ezaugarriak aldatu egiten dira, materialaren izaera galkor eta iragankorra agerian utziz.

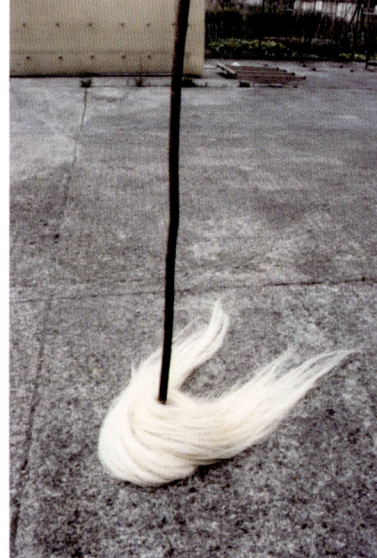

Eskulturak eta materiak berezkoa dute presentzia eta kanpokotasuna gogora ekartzea. "Ukimenak berehala berresten digu hiru dimentsiotako izaera, hori baita gauza guztien forma"[15]. Mertxek erabiltzen dituen materialek eta objektuek ukimen-pentsamendu baterako balio dute, izaera afektiboko espazio haptiko baterako, modu misteriotsu eta espontaneoan hunkitzen eta aktibatzen gaituena.

Ehungintzari eta bilbeari buruzko ideia geroago bihurtuko da erretikula, sare-ehun, sare eta irazki, hala nola *Elkartasuna* (1996), *Arantzak* (1996), *¿Juego de damas?* (1996) obretan eta mosaikoekin lotutako obra guztietan. Eguneroko objektuetara ere zabalduko da – eskuilak, bizarra mozteko brotxak, orraziak, koloretako harien bobinak – gorputzari, ileari eta larruazalari dagokienez, hala nola *Zaindu* (1995), *Zu ta ni* (2015) edo *Esperándote* (1995) lanetan, zeinek gogora ekartzen duten Meret Oppenheim eta *Le Déjeuner en fourrure* (larruzko gosari-jokoa) lana, surrealismoaren ikonoetako bat.

15 MAURETTE, Pablo, *El sentido olvidado*, Buenos Aires, Mardulce Editora, 2017, p. 71.

15 MAURETTE, Pablo, *El sentido olvidado*, Buenos Aires, Mardulce Editora, 2017, 71. or.

23

GEOMETRÍA SENSORIAL

cuatro es el número de la tierra, de lo terrestre. por eso el cuadrado es la figura básica de toda construcción humana: mesa, cama, casa.

María Virginia Jaua[16]

Mertxe Sueskun ha sido fiel a lo largo de toda su trayectoria a un lenguaje de formas geométricas y esenciales, diferenciándose de lo estrictamente abstracto. La geometría es el fundamento de su escultura, no en vano cursó estudios de delineación en sus años de formación, siendo el círculo y el cuadrado elementos recurrentes en muchas de sus obras de los años ochenta y noventa.

Dialogando con el minimalismo y bordeando el arte *povera* y el arte bruto, la artista dota a su obra de contenido figurativo y de una intención referencial. En *Sin título* (1985) (pág. 79), utiliza la geometría de un modo singular. Reutiliza un bloque de madera atravesado por un conjunto de telas apiladas, evocando mediante una línea sinuosa el curso de un río o el perfil de un paisaje. A modo de trazo gestual, rompe, separa y eleva la materia para darle ligereza, haciendo penetrar lo fluido, lo blando y lo moldeable en la opacidad de la madera. En la obra de Sueskun, la geometría dialoga con lo terrenal, lo orgánico y lo vital, con lo maternal y lo femenino, revelando su singular inscripción y diferencia.

Durante las primeras décadas del siglo XX, la geometría estuvo ligada al concepto de abstracción y a la aspiración de crear un nuevo lenguaje visual. Este se fundamentaba en un pensamiento dualista donde "lo femenino representaba lo 'otro' a purificar y eliminar, en asociación con lo material, lo sensual, lo corporal y finalmente con lo decorativo"[17].

Mertxe Sueskun contradice esta idea y no relaciona la geometría con lo frío: "Para mí la geometría no es fría. Dependiendo de los

GEOMETRIA SENTSORIALA

lau da lurraren zenbakia, lurrekoak diren gauzena. Horregatik, laukia da giza eraikuntza ororen oinarrizko forma: mahaia, ohatzea, etxea.

María Virginia Jaua[16]

Mertxe Sueskun leiala izan zaio bere ibilbide osoan zehar, forma geometriko eta funtsezkoen lengoaiari, abstrakzio zorrotzetik bereiziz. Geometria da eskulturaren oinarria; izan ere, delineazio-ikasketak egin zituen formazio urteetan, eta zirkulua eta karratua elementu errepikariak izan ziren 80ko eta 90eko hamarkadetako bere obra askotan.

Minimalismoarekin solasean eta *Povera* artea eta *Art brut* hurbil dituela, artistak eduki figuratiboa eta erreferentzia-asmoa eman dio bere lanari. *Izenbururik gabea* lanean (1985) (79. or.), geometria modu berezian erabiltzen du. Pilatutako oihal multzo batek zeharkatutako zurezko bloke bat berrerabiltzen du, lerro bihurgunetsu baten bidez ibai baten ibilgua edo paisaia baten profila gogora ekarriz. Keinuzko trazu gisa, materia hautsi, bereizi eta altxatzen du arintasuna emateko, horrela, zuraren opakutasunean sarraraziz jariakortasuna, biguntasuna eta moldagarritasuna. Sueskunen lanean, geometria solasean ari da lurrekotasunarekin, organikotasunarekin eta bizitasunarekin, amatasunarekin eta emetasunarekin, agerian utziz zein desberdina eta berezia den eskultore gisa.

XX. mendeko lehen hamarkadetan, geometria abstrakzioaren kontzeptuari eta ikus-hizkuntza berri bat sortzeko asmoari lotuta egon zen. Pentsamendu dualista batean oinarritzen zen, non "emetasunak adierazten zuen araztu eta ezabatu beharreko 'bestetasuna', materialtasunarekin, sentsualtasunarekin, gorpuztasunarekin eta, azkenik, dekorazioarekin lotuta"[17].

16 JAUA, María Virginia, fragmento extraído de la newsletter "Energía de la Creación", enviada a sus suscriptores el 7 de agosto de 2024. He respetado su estilo particular de escribir siempre con minúsculas, incluso al inicio de cada frase.

17 FAXEDAS, Lluïsa, "Against Themselves? Women Artists in the Origins of Abstract Art", *BRAC: Barcelona, Research, Art, Creation*, 1-1 (2013), pp. 27-61.

16 JAUA, María Virginia, "Energía de la Creación" newsletterretik ateratako zatia, harpidedunei 2024ko abuztuaren 7an bidalia. Beti letra xehez idazteko bere estilo berezia errespetatu dut, baita esaldi bakoitzaren hasieran ere.

17 FAXEDAS, Lluïsa, "Against Themselves? Women Artists in the Origins of Abstract Art", *BRAC: Bartzelona, Research, Art, Creation*, 1-1 (2013), 27-61. or.

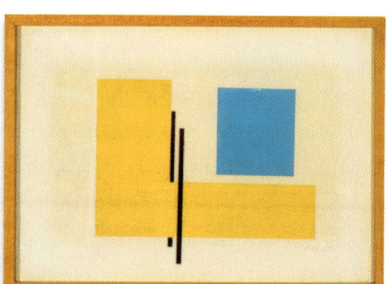
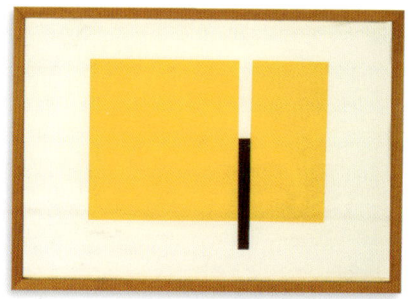
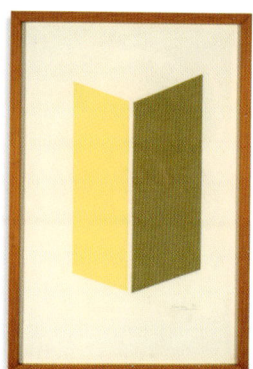

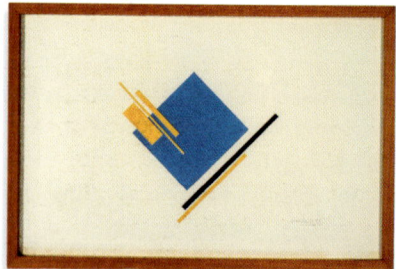

Sin título —1997
Collage

Paralelamente a su obra
escultórica Mertxe Sueskun
ha desarrollado un trabajo
bidimensional en el ámbito del
collage, utilizando un lenguaje
de formas geométricas
puramente abstracto.

Mertxe Sueskunek, eskultura-
lanarekin batera, bi dimentsioko
lana egin du collagearen
esparruan, eta forma
geometrikoen bidezko lengoaia
guztiz abstraktua erabili du.

materiales, se convierte en algo más cálido". Reutilizando el vocabulario geométrico como estilo y modelo de representación, lo transforma en recipiente de nuevos contenidos sensoriales y táctiles. Así, desafía "la idea de que la figuración y la abstracción no podían coexistir y enriquecerse mutuamente"[18].

Mertxe Sueskun vuelve a conectar la geometría con lo terrestre en la obra *Andrea* (1996) (pág. 81). Son formas circulares concéntricas que, según explica la artista, "salen de la tierra y vuelven a la tierra", aludiendo a un tiempo cíclico y generativo. "El vacío que parte de un centro y circula de un nivel a otro sigue un movimiento en espiral, como para desatar un nudo"[19].

Aunque cercana al lenguaje escultórico de figuras como Oteiza, Chillida y a la denominada Nueva Escultura Vasca, Mertxe Sueskun mantiene su distancia y marca su diferencia. Oteiza, por ejemplo, se aleja de las poéticas del material, interesándole exclusivamente el planteamiento escultórico a nivel formal y considerando el uso del material como algo secundario. Buscaba más la intensidad formal que la material: "Desprecio el material fuera de su condición formal y luminosa estrictamente espacial"[20]. Cuando Mertxe nos explica su idea de vacío, lo hace diferenciándola del concepto de vacío como un lugar que es rodeado, circunscrito y sobre el que se da vueltas. La artista entiende el vacío como un espacio en el que se produce un juego de proximidad y distancia. El espacio en la obra de Mertxe no es abstracto ni estrictamente visual, sino sensorial, corporalmente habitado, que evoca la idea de casa.

Continente y contenido son dos ideas que Mertxe utiliza para explicar su concepto del espacio. "Continente" sugiere un perímetro, un límite, una delimitación. Su etimología deriva de *tenere* e incluye los significados de sostener, sustentar, retener y mantener —lo que es capaz de contener—. Representa la idea de un estado que persiste en el tiempo,

Mertxe Sueskun ez dator bat ideia horrekin, eta ez du geometria hotzarekin lotzen: "Niretzat geometria ez da hotza. Materialen arabera, zerbait beroago bihurtzen da". Hiztegi geometrikoa estilo eta irudikapen-eredu gisa berrerabiliz, zentzumen- eta ukimen-eduki berrien ontzi bihurtzen du. Hala, ondoko ideia gaitzesten du: "figurazioa eta abstrakzioa ezin dira batera existitu eta elkar aberastu"[18].

Mertxe Sueskunek berriro lotzen du geometria lurrekotasunarekin *Andrea* obran (1996) (81. or.). Forma biribil zentrokideak dira, eta, artistak azaltzen duenez, "lurretik atera eta lurrera itzultzen dira", denbora zikliko eta sortzaile bati erreferentzia eginez. "Erdigunetik abiatzen den eta maila batetik bestera doan hutsunea espiralean dabil, nolabait korapilo bat askatu nahian"[19].

Oteiza, Chillida eta Euskal Eskultura Berriaren eskultura lengoaiatik hurbil badago ere, Mertxe Sueskunek distantziari eusten dio eta aldea markatzen du. Adibidez, Oteiza materialaren poetikatik urruntzen da, eta eskultura-planteamendua formalki soilik interesatzen zaio; materialaren erabilera bigarren mailakotzat hartzen du. Intentsitate formala gehiago bilatzen du, intentsitate materiala baino: "Materiala gutxietsi egiten dut, bere forma eta argi baldintzetatik harago"[20]. Mertxek hustasunaren gaineko bere ideia azaltzen digunean, hustasun hori bereizten du inguratua den eta mugatua den hustasunetik, zeinaren inguruan itzulinguruak ematen diren. Artistarendako, hustasuna da espazio bat, zeinetan hurbiltasun-urruntasun joko bat dagoen. Mertxeren obrako espazioa ez da abstraktua eta hertsiki bisuala, aitzitik, sentsoriala da, gorputzean bizi da, eta etxearen ideia gogora ekartzen du.

Edukitzailea eta edukia dira Mertxek espazioaren kontzeptua azaltzeko erabiltzen dituen bi ideia. "Edukitzaileak" perimetro bat, muga bat, zedarritze bat iradokitzen du. Gaztelaniaz *continente* esaten zaio. Etimologia *tenere* hitzetik dator, eta sostengatze, euste, atxikitze eta

18   Mencionado por Ane Lekuona, en el texto "Con la medida de la diferencia, jugar (seriamente). Algunos apuntes sobre la trayectoria y obra de Mertxe Sueskun", incluido en esta publicación.

19   CHENG, François, *Vacío y Plenitud*, Málaga, Cuadernos andaluces del psicoanálisis, Grupo de Estudios Andaluz, EFP del campo freudiana, 1992.

20   SERRA, Catalina, "El Museo del Chiado rescata la mítica exposición de Oteiza en 1957 en São Paulo", *El País*, 30 de enero de 2004. URL: https://elpais.com/diario/2004/01/30/cultura/1075417202_850215.html. Última consulta en octubre de 2024.

18   Ane Lekuonak aipatzen du testu honetan: "Con la medida de la diferencia, jugar (seriamente). Algunos apuntes sobre la trayectoria y obra de Mertxe Sueskun", argitalpen honetan bildua.

19   CHENG, François, *Vacío y Plenitud*, Málaga, Cuadernos andaluces del psicoanálisis, Grupo de Estudios Andaluz, EFP del campo freudiana, 1992.

20   SERRA, Catalina, "El Museo del Chiado rescata la mítica exposición de Oteiza en 1957 en São Paulo", *El País*, 2004ko urtarrilaren 30a. URLa: https://elpais.com/diario/2004/01/30/cultura/1075417202_850215.html. Azken kontsulta 2024ko urrian egin zen.

en el sentido de seguir estando, seguir siendo. "Yo me adapto al hueco" es una frase que la artista repite con frecuencia.

Los materiales en la obra de Sueskun establecen contacto, se rozan, se acomodan y se sostienen entre ellos, reclamando a su vez una mirada cercana del público. Me pregunto si esta es la razón por la que Mertxe ha ido reduciendo el tamaño de sus obras, si es para establecer esta distancia corta e íntima con quien observa. Con el tiempo su obra también ha ganado en ligereza. En *Café para dos* (1996) (pág. 76) y en el conjunto de obras que juega con el objeto-silla, hay un signo ascendente, una aspiración a elevarse, a separarse del suelo. "El arte da placer no porque imite a la vida, sino porque es capaz de traducir sus leyes secretas al lenguaje de las formas sensibles. Y la vida es ligera, fugaz, esquiva, grácil, vulnerable y resistente de un modo inexplicable"[21].

Círculos y más círculos

El círculo ocupa un papel especial en el imaginario formal de Sueskun. A lo largo de milenios, el círculo y sus variantes formales han sido investidos de simbología tanto en el arte como en la naturaleza. Los círculos, figuras geométricas sin punto de inicio ni fin, evocan el tiempo eterno, el eterno retorno, el ciclo de la vida, la renovación y el giro continuo. Además, articulan entornos que calman, al establecer un espacio de puntos equidistantes y relaciones de igualdad.

En *Zaindu* (1995) (pág. 80), los elementos circulares y cilíndricos se apoyan, se sostienen y entran con sencillez en contacto entre sí. Estas piezas, articuladas en torno al círculo, parecen decir: "Estoy en el centro y tengo el poder como mujer". Son círculos que se transforman en envolventes y envolturas, como la espiral de algodón en *Sin título* (1994) (pág. 85), que sugiere el cuidado, lo táctil, la piel y lo íntimo.

Mertxe Sueskun explora las infinitas posibilidades formales que ofrecen el círculo y sus variantes en el laboratorio de bocetos *Pruebas* (pág. 108), realizado en la década de los ochenta. Este proyecto consiste en pequeñas piezas de escayola creadas a partir de envases de yogures. En ellas el círculo aparece de diversas formas: completo, como semicírculo, horadado, o incluso cuando no

mantentze esanahiak barne hartzen ditu —edukitzeko gai dena—. Denboran irauten duen egoera baten ideia irudikatzen du, egoten eta izaten jarraitzea, alegia. "Ni hutsunera egokitzen naiz" esaldia maiz errepikatzen du artistak.

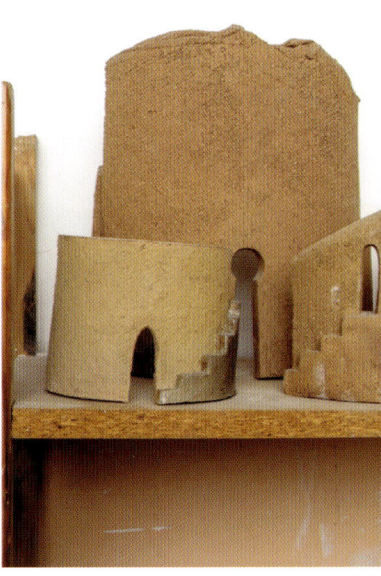

Sueskunen obrako materialek kontaktua dute, elkar ukitzen dute, ongi egokitzen dira eta elkarri eusten diote eta, aldi berean, ikus-entzuleen begirada hurbila eskatzen dute. Nire buruari galdetzen diot ea hori den Mertxek bere obren tamaina murrizteko arrazoia, ez ote duen egiten behatzailearekiko distantzia labur eta intimo hori ezartzeko. Denborarekin, haren lanak arintasuna ere irabazi du. *Café para dos* lanean (1996) (76. or.) eta objektu-aulkiarekin jokatzen duen obra multzoan, goranzko zeinu bat dago, altxatzeko eta lurretik bereizteko gogo bat. "Arteak plazera ematen du, ez bizitzari jarraitzen diolako, baizik eta bere lege sekretuak forma sentikorren lengoaiara itzultzeko gai delako. Eta bizitza arina, latza, iheskorra, xehea, zaurgarria eta fierra da, modu ulertezinean"[21].

Zirkuluak eta zirkulu gehiago

Zirkuluak berebiziko tokia du Sueskunen imaginario formalean. Milaka urtetan zehar, zirkuluak eta haren aldaera formalek sinbologia izan dute, bai artean, bai naturan. Zirkuluek, hasiera- eta bukaera-punturik gabeko irudi geometrikoek, betiereko denbora, betiereko itzulera, bizi-zikloa, berritzea eta etengabeko biraketa gogorarazten dituzte. Gainera, ingurune lasaigarriak artikulatzen dituzte, puntu distantziakideen espazio bat, berdintasun-harremanen espazio bat ezartzen baitute.

Zaindu lanean (1995) (80. or.), elementu zirkularrak eta zilindrikoak elkarri eusten diote eta erraz ukitzen dute elkar. Pieza horiek zirkuluaren inguruan artikulatuta daude eta, badirudi, honako hau diotela: "Erdigunean nago eta boterea dut, emakume gisa". Zirkulu horiek inguratzaile eta bilgarri bihurtzen dira, hala nola kotoizko kiribila *Izenbururik gabea* lanean (1994) (85. or.), zaintza, ukimena, larruazala eta barru-barrukoa iradokitzen dituena.

Mertxe Sueskunek zirkuluak eta haren aldaerek eskaintzen dituzten aukera formal bukaezinak aztertu ditu 80ko hamarkadan egindako *Pruebas* (108. or.) proba-zirriborroen laborategian. Proiektu hau jogurt-ontzietatik sortutako

21 CÁRDENAS, Juan, *La ligereza*, Cáceres, Editorial Periférica, 2024, p. 8.

21 CÁRDENAS, Juan, *La ligereza*, Cáceres, Editorial Periférica, 2024, 8. or.

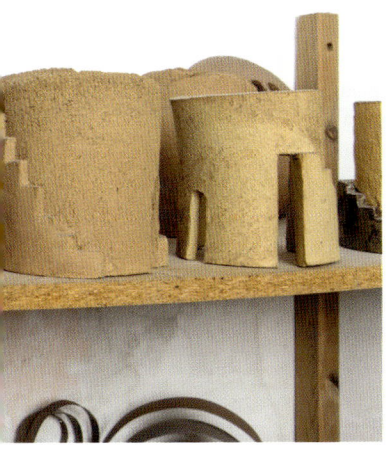

está físicamente presente, su representación se sugiere visualmente.

En la pieza *Sin título* (1995) (págs. 74-75), la artista utiliza el cedazo como elemento circular, estableciendo una relación entre círculo y cuadrado. A veces, el círculo es contenido por el cuadrado; en otras, el cuadrado se llena de círculos, como en el conjunto de obras que evocan los mosaicos (págs. 86-91). Esta exploración parece acercarse a la idea de la cuadratura del círculo, trasladando esta cuestión geométrica al ámbito de lo cotidiano e íntimo.

Anteriormente, en 1988, Mertxe realiza una obra titulada *Recordando a 3 (2)* (pág. 69). En relación con esta obra, nos cuenta una anécdota que denomina "el relato del africano". Según este relato, a los recién nacidos se les llama "tres" si son niños y "cuatro" si son niñas, antes de recibir otro nombre. El tres se considera masculino por ser indivisible, mientras que el cuatro es femenino por su capacidad de dividirse y procrear. El cuerpo de la madre se divide, albergando otro cuerpo dentro de sí. La cuestión de género y la política de la diferencia están sutil y poéticamente inscritas en esta obra. Esto me recuerda una frase de Virginia Woolf: "Una mujer que escribe piensa retrospectivamente a través de sus madres"[22]. Mertxe parece reclamar una genealogía materna, un concepto que el feminismo ha construido.

POEMAS MATERIALES

> Amo las cosas loca,
> locamente.
> Pablo Neruda[23]

La utilización de objetos manufacturados y restos materiales industriales es una constante en la obra de Mertxe Sueskun desde los años noventa hasta la actualidad. Recolectora incansable de materiales prefabricados, reutiliza formas elementales como materia prima, equiparándolas a las materias primarias. Estas unidades mínimas de material, formas sin

22 POLLOCK, *op. cit.*, p. 45.
23 NERUDA, Pablo, "Oda a las cosas", en *Navegaciones y regresos*, Barcelona, Editorial Debolsillo, 2003.

eskaiolazko pieza txikiek osatzen dute. Horietan, zirkulua hainbat modutan agertzen da: osoa, zirkuluerdia, zulatua, eta fisikoki presente ez dagoenean ere, haren irudikapena bisualki iradokitzen da.

Izenbururik gabea piezan (1995) (74.-75. or.) artistak bahea darabil, elementu zirkular gisa, zirkuluaren eta karratuaren arteko erlazioa ezarriz. Batzuetan, zirkulua laukiak osatzen du; beste batzuetan, laukia zirkuluz betetzen da, mosaikoak gogora ekartzen dituzten obren multzoan bezala (86.-91. or.). Badirudi miaketa hori zirkuluaren koadraturaren ideiara hurbiltzen dela, eta gai geometriko hori egunerokoaren eta intimoaren esparrura eramaten duela.

Aurrez, 1988an, Mertxek *Recordando a 3 (2)* lana (69. or.) egin zuen. Lan honi dagokionez, anekdota bat kontatzen digu, "afrikarraren kontakizuna" izendatu duena. Kontakizun horren arabera, jaioberriei "hiru" esaten zaie mutilak badira, eta "lau" neskak badira, beste izen bat hartu aurretik. Hirurak maskulinotzat jotzen dira zatiezina delako; lauak, berriz, femeninotzat, zatitzeko eta ugaltzeko gaitasuna duelako. Amaren gorputza zatitu egiten da, eta beste gorputz bat du barruan. Generoaren gaia eta desberdintasunaren politika sotil eta poetikoki jasota daude lan honetan. Horrek Virginia Woolf-en esaldi bat gogorarazten dit: "Idazten duen emakume batek atzera begira pentsatzen du bere amen bidez"[22]. Badirudi Mertxek amaren genealogia eskatzen duela, feminismoak eraiki duen kontzeptua.

POEMA MATERIALAK

> Gauzak maite ditut izugarri,
> ikaragarri.
> Pablo Neruda[23]

Mertxe Sueskunen obran etengabe erabiltzen dira manufakturatutako objektuak eta industriako hondakin materialak, 80ko hamarkadatik gaur egun arte. Material aurrefabrikatuen biltzaile nekaezina da. Oinarrizko formak berrerabiltzen ditu, hala nola lehengaiak, eta materia primarioekin parekatzen ditu. Gutxieneko material-unitate horiek,

22 POLLOCK, *op. cit.*, 45. or.
23 NERUDA, Pablo, "Oda a las cosas", in *Navegaciones y regresos*, Bartzelona, Editorial Debolsillo, 2003.

significante, componen un alfabeto formal que funciona como un léxico de palabras y sílabas.

Mi intención es ver las esculturas no solo por lo que son, sino también por cómo han llegado a ser: los procesos, sus funciones y los mundos que configuran. La imaginación material, como señala Andrea Soto, "es siempre un trabajo desde los bordes, los restos, los fragmentos, lo accidental"[24].

Muchos de estos materiales no son objetos propiamente dichos, yo los llamaría *cuasi-objetos*. Entre ellos se encuentran diversos restos de la industria metalúrgica: formas circulares, semicirculares y cilíndricas; elementos cuadrados, reticulares y cuadrangulares; rejillas perforadas, planchas y chapas con agujeros, y elementos metálicos mecanizados y rectificados industrialmente. También reutiliza elementos lineales como palos y palillos derivados de la industria, cajas de embalaje de productos industriales y de consumo, rejillas de cartón e interiores de embalajes para transportar y almacenar productos. Además, se incluyen otros elementos de formas básicas como tejas y cedazos. Y materiales blandos, como unidades de algodón utilizadas en odontología o fibra de sisal usada en invernaderos, industria y agricultura.

A través de acciones como apoyar, soldar, acoplar, penetrar, doblar, torcer o ensamblar, la artista inviste de afecto a estos materiales y extrae sus posibilidades formales. Deja visibles los efectos de la producción industrial, permitiendo que el material lleve consigo la memoria de su formación. Trabajar con un objeto implica observarlo detenidamente, a veces guardarlo durante años en el estudio antes de volver a tocarlo. Significa reparar en sus detalles, maternarlo, individualizarlo y sacarlo del anonimato de la producción en masa. Reconocemos que las cosas, al igual que los cuerpos, son frágiles y eventualmente irreparables. Por ello, se convierten en objeto de nuestros cuidados.

En el conjunto de obras *Arantza*, *Aleteando* y *Sin título*, realizados en 1996 (págs. 70-73), la artista rescata el objeto de la uniformidad de la producción industrial, del imperio del cálculo, del rendimiento y del pragmatismo. Lo

adierazgarririk gabeko formak, alfabeto formal bat osatzen dute, hitzen eta silaben lexiko gisa funtzionatzen duena.

Nire asmoa da eskulturak ikustea, ez bakarrik zer diren, baita nolakoak izatera iritsi diren ere: prozesuak, haien funtzioak eta eratzen dituzten munduak. Andrea Sotok dioen bezala, irudimen materiala "ertzetatik, hondakinetatik, zatietatik eta ustekabekotik egiten den lana da beti"[24].

Material horietako asko ez dira berez objektuak, nik *sasiobjektu* deituko nituzke. Horien artean, metalurgia-industriaren hainbat aztarna daude: forma zirkularrak, erdizirkularrak eta zilindrikoak; elementu karratuak, erretikularrak eta lauangeluarrak; sareta zulatuak, xaflak eta zuloak dituzten xaflak, eta elementu metaliko mekanizatuak eta industrialki arteztuak. Elementu linealak ere berrerabiltzen ditu, hala nola industriatik eratorritako makilak eta zotzak, industria- eta kontsumo-produktuen enbalaje-kutxak, kartoizko saretak eta produktuak garraiatzeko eta biltegiratzeko enbalajeen barnealdeak. Gainera, oinarrizko formak dituzten beste elementu batzuk ere, hala nola teilak eta baheak. Eta material bigunak, hala nola odontologian erabiltzen diren kotoizko unitateak edo berotegietan industrian eta nekazaritzan baliatutako sisal-zuntzak.

Bermatzea, soldatzea, akoplatzea, sartzea, tolestea, bihurritzea edo mihiztatzea bezalako ekintzen bidez, artistak material horiekiko afektua pizten du eta bere aukera formalak ateratzen ditu. Ekoizpen industrialaren ondorioak agerian uzten ditu, eta materialak bere formazioaren memoria eramatea ahalbidetzen du. Objektu batekin lan egiteak objektu hori arretaz behatzea dakar; batzuetan, estudioan gordetzen da, berriro ukitu aurretik. Haren xehetasunei erreparatzea esan nahi du, ama bihurtzea, indibidualizatzea eta masako ekoizpenaren anonimotasunetik ateratzea. Onartzen dugu gauzak, gorputzak bezala, ahulak eta, batzuetan, konponezinak direla. Horregatik, gure zainketen xede bihurtzen dira.

1996an egindako *Arantza*, *Aleteando* eta *Izenbururik gabea* lanetan (70.-73 or.), artistak produkzio industrialaren, kalkuluaren inperioaren, errendimenduaren eta pragmatismoaren uniformetasunaren objektua erreskatatzen du.

24 CORREA ROMÁN, Javier, "Entrevista a Andrea Soto Calderón", *Athene Blog* (2022). URL: https://redfilosofia.es/atheneblog/2022/10/28/andrea-soto-calderon/. Última consulta en octubre de 2024.

24 CORREA ROMÁN, Javier, "Entrevista a Andrea Soto Calderón", *Athene Blog* (2022). URL: https://redfilosofia.es/atheneblog/2022/10/28/andrea-soto-calderon/. Azken kontsulta 2024ko urrian egin zen.

extrae del anonimato absoluto de la producción masiva de mercancías y del flujo temporal que los conduce a la inexistencia. Frente al número y al cálculo, Mertxe Sueskun cuenta y mide, ordena y desordena. "Uno, dos, tres, cuatro…" y así comienza un cuento, un relato poético que se hace cargo de las cosas del mundo y las transforma en poesía, pez, flor, movimiento y ritmo. Es poesía a ras de tierra.

En *Zu ta ni / Tú y yo,* (2015), la artista descontextualiza varios modelos de peines, jugando a cambiar repentinamente de una dirección de significado a otra. Este objeto doméstico, que nos acompaña en nuestra vida cotidiana, adquiere evocaciones sentimentales y sutiles referidas a las diferencias de género y orientación sexual. Los objetos nos conectan, nos orientan y portan valores afectivos y simbólicos. Los objetos están entre los cuerpos y nos vinculan con otros cuerpos. Encuentro a Mertxe Sueskun más emparentada con la poesía visual, la experimentación y el juego con lo cotidiano de Joan Brossa, que con el gesto descontextualizador de Duchamp. Como en Brossa, el objeto descarga poética y es receptáculo singular de memoria afectiva.

La descontextualización de objetos de consumo y su utilización en el arte es una práctica ampliamente musealizada e institucionalizada que forma parte del currículo en las escuelas de arte. En el contexto de una sociedad capitalista y de mercado, consideramos los objetos como materiales en sí mismos, equiparables a las materias primas. Nos relacionamos con ellas de manera similar a los objetos. Compramos arcilla o madera como quien adquiere cualquier otro objeto de consumo. No existe una diferencia sustancial entre los objetos y otros materiales. El objeto es también materialidad, un material sofisticado que ha sido sometido a una transformación previa, generalmente industrial. El arte consistiría en hacer con lo que hay, lo que no hay. Jasper Johns describe así el encuentro con el objeto: "Toma un objeto, hazle algo, haz otra cosa"[25]. Es abrir un mundo, inesperado.

En *Gerrarik ez* (2017)*,* un objeto cotidiano adquiere su poder gracias a su familiaridad. Este simple objeto puede generar una narrativa que define una realidad concreta sobre la adversidad humana, un hecho traumático o una

Merkantzien produkzio masiboaren anonimatu absolututik eta merkantzia horiek ez existitzera eramaten dituen denbora-fluxutik ateratzen du. Zenbakiaren eta kalkuluaren ordez, Mertxe Sueskunek kontatu eta neurtu, ordenatu eta desordenatu egiten du. "Bat, bi, hiru eta lau…" eta horrela hasten da ipuin bat, kontakizun poetiko bat, munduko gauzez arduratzen dena eta poesia, arrain, lore, mugimendu eta erritmo bihurtzen dituena. Lurraren arraseko poesia da.

Zu ta ni lanean (2015), artistak hainbat orrazi-eredu testuingurutik kanpo uzten ditu, eta bat-batean esanahi-norabide batetik bestera aldatzen jolasten da. Etxeko objektu horrek gure eguneroko bizitzan laguntzen digu, eta genero-desberdintasunei eta sexu-orientazioari buruzko oroitzapen sentimental eta sotilak eskuratzen ditu. Objektuek konektatzen gaituzte, orientatzen gaituzte eta balio afektiboak eta sinbolikoak daramatzate. Objektuak gorputzen artean daude eta beste gorputz batzuekin lotzen gaituzte. Mertxe Sueskun lotuago dago Joan Brossaren ikusizko poesiarekin, esperimentazioarekin eta egunerokotasunarekiko jolasarekin, Duchampen testuingururik gabeko keinuarekin baino. Brossarekin bezala, objektua poetikoa da eta memoria afektiboaren hartzaile berezia da.

Kontsumo-objektuak testuingururik gabe egotea eta horiek artean erabiltzea askotan musealizatutako eta instituzionalizatutako praktika da, eta arte-eskoletako curriculumaren parte da. Merkatu-gizarte kapitalistaren testuinguruan, objektuak lehengaiekin pareka daitezkeen materialtzat hartzen ditugu. Objektuekin bezala erlazionatzen gara haiekin. Buztina edo zura erosten dugu beste edozein kontsumigarri erosten den gisa berean. Ez dago funtsezko alderik objektuen eta beste material batzuen artean. Objektua materialtasuna ere bada, material sofistikatua, aldez aurretik eraldatu dena, oro har industria-arloan. Artea da dagoenarekin ez dagoena sortzea. Jasper Johnsek honela deskribatu du objektuarekiko topaketa: "Hartu objektu bat, egiozu zerbait, egiozu beste zerbait"[25]. Ustekabeko mundu bat irekitzea da.

Gerrarik ez lanean (2017), eguneroko objektu batek bere boterea hartzen du bere ezagun izateari esker. Objektu soil horrek narratiba bat sor dezake, giza ezbeharrari, gertaera traumatiko

25 ROSE, Barbara, "Jasper Johns, 'Take an object. Do something to it. Do something else to it'", *Royal Academy* (2017). URL: https://www.royalacademy.org.uk/article/magazine-jasper-johns. Última consulta en octubre de 2024.

25 ROSE, Barbara, "Jasper Johns, 'Take an object. Do something to it. Do something else to it'", *Royal Academy* (2017). URL: https://www.royalacademy.org.uk/article/magazine-jasper-johns. Azken kontsulta 2024ko urrian egin zen.

tragedia. En esta obra, un objeto personal, una representación material, evoca la memoria de las víctimas de la guerra. El objeto nos conecta con el pasado y el presente. Los objetos llevan consigo valores afectivos y simbólicos, se impregnan de memoria y forman parte del duelo. Son invocación, plegaria, llamada silenciosa: "La herida de la vida que siempre está en el corazón de todo gran arte"[26]. La obra artística es, en esencia, el intento de transformar esa herida abierta de la guerra en un poema.

Una antigua balanza, que había permanecido durante años acumulando polvo en el estudio de Mertxe Sueskun, atrajo poderosamente mi atención. Como cualquier otro objeto casual, "es susceptible de recibir investiduras o desinvestiduras de sentido, positivas o negativas; de rodearse de un aura o de ser privado de ella"[27]. El objeto viene a mí, me reclama y exige mi respeto, afirmando en mí algo de mí misma. Su forma material, su presencia, su dignidad como objeto, me interpelan. Jane Bennett lo denomina *materia vibrante*, aludiendo a esa vitalidad intrínseca de las cosas como "la capacidad no solo de obstaculizar o bloquear la voluntad y los designios de los humanos, sino también de actuar como cuasi agentes o fuerzas con sus propias trayectorias, inclinaciones o tendencias"[28].

No reconozco este objeto como materia muerta, inerte o pasiva, sino que siento su vitalidad intrínseca. Percibo una agencia que trasciende su estatus de objeto y manifiesta su propia independencia, irreductible a cualquier significado, evocación o sentimiento que yo pueda atribuirle o que me provoque. Su tenacidad material y su presencia en ese lugar me conmueven. Constato un "afuera" radical. Me provoca una apertura estética y afectiva, la belleza del objeto me cautiva. Quiero que perdure y nos acompañe en la exposición de Mertxe Sueskun.

Casualmente, los platillos de la balanza contienen dos formas: una esfera y un cilindro (o semicilindro) formado a partir de una plancha perforada. Uno de los platillos se inclina hacia la derecha. Mertxe explica que esta balanza se usaba en la frutería donde trabajaba con su madre. Ha permanecido inmóvil en el estudio

bati edo tragedia bati buruzko errealitate zehatz bat definitzen duena. Lan honetan, objektu pertsonal batek, irudikapen material batek, gerraren biktimen memoria gogorarazten du. Objektuak iraganarekin eta orainarekin lotzen gaitu. Objektuek balio afektiboak eta sinbolikoak dituzte, oroimenez blaitzen dira eta doluaren parte dira. Objektuak dira inbokazioa, otoitza, dei isila: "Bizi zauria, beti dagoena arte handi ororen muinean"[26]. Obra artistikoa, funtsean, gerrako zauri ireki hori poema bihurtzeko ahalegina da.

Aspaldiko balantza horrek, Mertxe Sueskunen estudioan hautsa pilatzen urteak eman zituenak, nire arreta erakarri zuen. Ustekabeko beste edozein objektuk bezala, "zentzuz hornitu edo gabetu daiteke, positiboki edo negatiboki; auraz inguratu daiteke, baita gabetu ere"[27]. Objektua nigana dator, erreklamatzen nau eta nire errespetua eskatzen du; nigan nire baitako zerbait sendotzen du. Haren forma materialak, haren presentziak eta objektu gisa duen duintasunak interpelatzen naute. Jane Bennettek *materia bibratzaile* deitzen dio, eta gauzen berezko bizitasun horri buruz esaten badela "gaitasun bat, gizakien borondatea eta asmoak oztopatzeko edo blokeatzeko ez ezik, beren ibilbide, joera edo joerekin ia agente edo indar gisa jarduteko"[28].

Ez dut onartzen objektu hori materia hila, geldoa edo pasiboa denik; aitzitik, bere berezko bizitasuna sentitzen dut. Hautematen dut agentzia bat, objektu-estatusa gainditzen duena eta bere independentzia adierazten duena, menderaezina, nik eman diezaiokedan edo niri eragin diezadakeen edozein esanahi, oroitzapen edo sentimenekiko. Haren irmotasun materialak eta leku horretan egoteak hunkitu egiten naute. Errotiko "kanpo" izaera egiaztatzen dut. Irekitasun estetiko eta afektiboa eragiten dit, objektuaren edertasunak limurtzen nau. Irautea eta Mertxe Sueskunen erakusketan gurekin egotea nahi dut.

Kasualitatez, balantzaren platertxoek bi forma dituzte: esfera bat eta zilindro bat (edo erdizilindro bat), xafla zulatu batetik abiatuta osatua. Platertxoetako batek eskuineranzko jitea du. Mertxek azaldu du balantza hori amarekin lan egiten zuen fruta-dendan erabiltzen zela. Urte

26 RECALCATI, Massimo, *Los tabúes del mundo*, Barcelona, Anagrama, 2022, p. 87.
27 BODEI, Remo, *La vida de las cosas*, Madrid, Amorrortu Editores, 2013, p. 37.
28 BENNETT, Jane, *Materia vibrante. Una ecología política de las cosas*, Buenos Aires, Caja Negra Editora, 2022, p. 10.

26 RECALCATI, Massimo, *Los tabúes del mundo*, Bartzelona, Anagrama, 2022, 87. or.
27 BODEI, Remo, *La vida de las cosas*, Madril, Amorrortu Editores, 2013, 37. or.
28 BENNETT, Jane, *Materia vibrante. Una ecología política de las cosas*, Buenos Aires, Caja Negra Editora, 2022, 10. or.

durante años, aparentemente sin propósito. ¿Existe alguna razón oculta o azar que ha salvado este objeto de la destrucción o el abandono? "¿Por qué nos parece tan insoportable que en el fondo de todas las cosas haya un hueco, una ausencia radical de propósito o función, una burbuja?"[29]. Afirmar la identidad frente a una realidad que se percibe como material me hace consciente de mi propia materialidad.

SIN PORQUÉ
(o el juego del arte)

La rosa es sin porqué; florece porque florece.

Angelus Silesius[30]

La cita que encabeza este apartado puede entenderse como una invitación a abrirse al juego y al azar de la experiencia. También puede interpretarse como un alegato a favor de la autosuficiencia del arte. El arte es sin causa.

La práctica escultórica de Mertxe Sueskun es un espacio de experimentación que implica un saber hacer con los límites y limitaciones de los materiales, los gestos y el tiempo vital. Desde finales del 2000 hasta la actualidad, ha desarrollado un trabajo continuo con diversos materiales y estructuras geométricas —como cajas, retículas y mosaicos— entendidas como formas de acoplamiento, acomodo y habitar.

Heidegger dedicó una lección al juego en la que lo identifica, junto con el acto de jugar, como un concepto existencial del mundo, estableciendo así una relación entre el juego y el habitar[31]. Si el juego carece de sentido o función aparente, y su utilidad trasciende lo convencionalmente útil, la razón de ser del juego reside en sí mismo: "Juega en tanto que (al tiempo que) juega"[32]. Para Heidegger el juego desempeña un papel

askoan geldirik egon da estudioan, itxuraz, xederik ez zuela. Ba al dago arrazoi ezkuturik edo ausazkorik, zeinengatik salbatu den objektu hori suntsitzetik edo abandonutik? "Zergatik iruditzen zaigu jasanezina gauza guztien hondoan egotea hutsune bat, helburu edo funtziorik eza, burbuila bat?"[29]. Identitatea adieraztaeak, material gisa hautematen den errealitate baten aurrean, nire materialtasunaz jabetzen nau.

EZ DAGO ZERGATIRIK
(edo artearen jolasa)

Arrosak ez du zergatirik; loratzen da loratzen delako.

Angelus Silesius[30]

Atal honen goiburuan dagoen aipua har daiteke esperientziaren zorira eta jokora irekitzeko gonbidapentzat. Artearen autosufizientziaren aldeko alegatu gisa ere interpreta daiteke. Artea arrazoirik gabea da.

Mertxe Sueskunen eskulturagintza da esperimentatzeko gune bat, zeinak berarekin baitakar materialen, keinuen eta bizi denboraren muga eta mugaketekin jokatzen jakitea. 2000. urtearen bukaeratik gaur egunera arte, etengabeko lana egin du hainbat material eta egitura geometrikorekin –hala nola kutxak, erretikulak eta mosaikoak–, horiek akoplatzeko, egokitzeko eta bizitzeko modutzat hartuta.

Heidegger-ek jolasari buruzko ikasgai bat eman zuen. Bertan ari da jolasteaz, ekintza gisa, baina baita jolasaz, munduaren kontzeptu existentzial gisa, eta, horrela, jolasaren eta bizitzearen arteko lotura ezartzen du[31]. Jolasak zentzurik edo ageriko funtziorik ez badu, eta bere erabilgarritasuna konbentzionaletik haragokoa bada, jolasaren izateko arrazoia bere baitan datza: "Jolasten da jolasten den bitartean (aldi berean)"[32]. Heideggerren ustez, jolasak

29 CÁRDENAS, *op. cit.*, p. 10.

30 SILESIUS, Angelus, *El peregrine querúbico*, Duch Álvarez, Lluís (ed.), Madrid, Ediciones Siruela, 2005.

31 Heidegger dedicó una lección al juego en el Curso de introducción a la filosofía en la Universidad de Friburgo entre 1928 y 1929. HUERTAS RUIZ, Joaquín Darío, "El juego como problema filosófico", *Cuestiones de Filosofía*, 14 (2012), p. 153

32 TATIAN, Diego, "Hacia el mundo como juego. (Apuntes sobre el último Heidegger)", *Nombres. Revista de filosofía,* 2 (2012), p. 101.

29 CÁRDENAS, *op. cit.*, 10. or.

30 SILESIUS, Angelus, *El peregrine querúbico*, Duch Á Álvarez, Lluís (ed.), Madril, Ediciones Siruela, 2005.

31 Heidegger-ek jolasari buruzko ikasgai bat eman zuen Friburgoko Unibertsitateko filosofiaren hastapeneko ikastaroan, 1928 eta 1929 bitartean. HUERTAS RUIZ, Joaquín Darío, "El juego como problema filosófico", *Cuestiones de Filosofía*, 14 (2012), 153. or.

32 TATIAN, Diego, "Hacia el mundo como juego. (Apuntes sobre el último Heidegger)", *Nombres. Revista de filosofía,* 2 (2012), 101. or.

esencial, llegando a equipararse en importancia con la poesía.

Heráclito también dio importancia al juego en el siguiente aforismo: "Aión (el tiempo de la vida) es un niño que juega a los dados: de un niño es el reino"[33]. Me gustaría alterar el enigma de este aforismo y parafrasearlo así: "El tiempo de la vida es una niña que juega a las damas: de una niña es el reino". En ¿Juego de damas? (1996) Mertxe Sueskun nos revela su reino: el tablero de juego. Lo construye con bobinas de hilos de colores intensos, alternando posiciones verticales y horizontales para formar una trama modular que evoca un tejido entrelazado. La artista confiesa: "No soy costurera". Mertxe, mediante un guiño irónico, parece decirnos con humor que ella hace otra cosa diferente a la costura, que es jugar y divertirse.

"Es un juego serio donde me divierto, porque si no, no lo haría". Mertxe entiende perfectamente que el juego no se contrapone a lo serio, sino a la realidad cotidiana. Mientras las actividades de la vida diaria se realizan para obtener una meta utilitaria, el juego y la satisfacción que conlleva se dan en la propia ejecución, siendo un fin en sí mismo. "El juego, desde esta perspectiva, trasciende el umbral de lo cotidiano y lo contingente"[34]. Frente al ideal productivo, el juego se caracteriza por lo incierto, lo improductivo y lo ficticio.

Mertxe Sueskun es también una constructora que juega a acomodar algodones en retículas recicladas de cajas de embalaje, como si fueran piezas de mosaicos. Heráclito compara la fuerza formadora del mundo con un niño que juega colocando piedras aquí y allá[35]. La serie de obras, realizadas desde 2006 hasta la actualidad, que alude a los mosaicos, son tableros de juego para escandir y medir el espacio, contar algodones, y adaptarse al tiempo como en una partitura.

En Olatuak (2022), Mertxe acomoda trozos de papel en una caja de madera azul cobalto, compartimentada en forma de retícula, creando un sutil juego visual de ondas y líneas

funtsezko zeregina betetzen du, eta garrantziari dagokionez poesiarekin parekatzera iristen da.

Heraklitok ere garrantzia eman zion jolasari aforismo honetan: "Aión (bizitzaren denbora) dadoekin jolasten den mutikoa da: erresuma mutiko batena da"[33]. Aforismo horren enigma aldatu eta honela parafraseatu nahiko nuke: "Bizitzaren denbora dama-jokoan jolasten den neskato bat da: erresuma neskato batena da". ¿Juego de damas? lanean (1996) Mertxe Sueskunek bere erresuma erakutsi digu: joko-taula. Kolore biziko hari-bobinekin eraikitzen du, posizio bertikalak eta horizontalak txandakatuz, ehun gurutzatu bat gogorarazten duen modulu-bilbe bat osatzeko. Artistak aitortzen du: "Ez naiz jostuna". Mertxek, keinu ironiko baten bidez, umorez esaten digu berak joskintzaz bestelako zerbait egiten duela, hau da, jolastea eta dibertitzea.

"Jolas serio bat da, zeinarekin dibertitzen naizen, bestela ez nuke eginen". Mertxek oso ongi ulertzen du jolasa ez dela seriotasunaren aurkakoa, eguneroko errealitatearen aurkakoa baizik. Eguneroko bizitzako jarduerak xede utilitario bat lortzeko egiten diren bitartean, jolasa, eta jolasak dakarren gogobetetzea, gauzatu ahala gertatzen dira eta, hala, xede dira, berez. "Jolasak, ikuspegi horretatik, egunerokotasunaren eta gertakizunaren atalasea gainditzen du"[34]. Produkzio-idealaren aurrean, jolasaren ezaugarria zalantzazkoa, ez-emankorra eta fikziozkoa da.

Mertxe Sueskun eraikitzailea ere bada, eta enbalatze-kutxetako erretikula birziklatuetan kotoiak jartzera jolasten da, mosaiko-piezak balira bezala. Heraklitok erkatzen ditu munduko indar eratzailea eta harriak hemen eta han jartzera jolasten den haur bat[35]. Mosaikoak aipatzen dituzten obrak 2006tik gaur egun arte egin dira, eta espazioa neurtzeko, kotoiak kontatzeko eta denborara partitura batean bezala egokitzeko joko-taulak dira.

Olatuak lanean (2022), Mertxek paper-zatiak kokatu zituen kobalto urdin koloreko zurezko kaxa batean, erretikula moduan banatuta, eta

---

33 Aión es traducido como el tiempo de la vida, el tiempo de vida humano, el aliento y la fuerza vital y por extensión, el de duración o límites de una vida finita, del tiempo que nos toca vivir. GONZÁLEZ SERRANO, Adriana, "Heráclito. Acerca del fragmento N° 52 'aión es un niño que juega a los dados: de un niño es el reino'", Senderos: revista de ciencias religiosas y pastorales, 91 (2008), pp. 425-436.
34 HUERTAS RUIZ, op. cit., p. 155.
35 GONZÁLEZ SERRANO, op. cit., p. 428.

33 Aión honela itzultzen da: bizitzaren denbora, giza bizitzaren denbora, hatsa eta bizi-indarra, eta, hedaduraz, bizitza amaituaren iraupena edo mugak, bizi behar dugun denbora. GONZÁLEZ SERRANO, Adriana, "Heráclito. 52. zatiaren inguruan 'aión es un niño que juega a los dados: de un niño es el reino'", Senderos: revista de ciencias religiosas y pastorales, 91 (2008), 425.-436. or.
34 HUERTAS RUIZ, op. cit., 155. or.
35 GONZÁLEZ SERRANO, op. cit., 428. or.

sinusoidales. La obra se presenta como un espacio lúdico, de contención y contacto, con un carácter integrador. Acomodarse, acoplarse, implica una estructura de vínculos, que va más allá de la mera adaptación, abarcando conexiones conceptuales, emocionales, afectivas y espaciales. "Construir no es solo medio y camino para el habitar. El construir ya es, en sí mismo, habitar"[36].

Selecciono para la exposición el laboratorio de pruebas, realizado en la década de los ochenta, en escayola, cerámica, madera y metal. Destaco sobre todo los bocetos en escayola que realizó la artista, sirviéndose de moldes a partir de envases de yogures, de los que se servía para jugar con sus sobrinos. ¿No es el juego la auténtica vida? ¿No entramos en el juego como un estado de perfección y capacidad de plenitud, que se esfuma cuando dejamos de jugar? El juego abre un espacio potencial y un tiempo de elaboración subjetiva, ofreciendo al artista una intensidad y libertad que se les supone a los niños. El juego no es solo una actividad, sino también, y sobre todo, una actitud y disposición. En Mertxe, la vivencia del juego es la condición abierta, imprescindible para la creación y abarca lo inútil, la ligereza, la fluidez, la candidez, el humor, lo ordinario y lo gratuito.

El juego ocurre en la relativa placidez de un espacio y un tiempo seguros. Es un espacio intermedio de negociación entre seguridad y libertad, que no evade los compromisos vitales, sino que trasciende sus exigencias. Abre un tiempo del sujeto que excede las determinaciones de la necesidad, la adecuación y la adaptación. En la lógica del juego, que se manifiesta como movimiento, tensión y resolución, Mertxe busca siempre una conclusión que conlleve serenidad y armonía.

Había una vez, una exposición

Había una vez señala un espacio, una localización. También puede indicar la existencia de un objeto ante nuestros ojos, un objeto singular, una obra de arte. Es acercar lo que está cerca, pero no vemos. Es arrojar el objeto al mundo, arrojarlo a los ojos, a la cara, ya sea un remolino súbito en un curso lento de aguas, la trenza de una abuela o la brocha de afeitar de un padre.

uhin eta lerro sinusoidalen ikusizko joko sotil bat sortu zuen. Obra espazio ludikoa da, eustekoa eta kontaktukoa, izaera integratzailea duena. Moldatzeak, akoplatzeak, egokitze hutsetik haratago doan lotura-egitura bat dakar, lotura kontzeptualak, emozionalak, afektiboak eta espazialak barne hartzen dituena. "Eraikitzea ez da nonbaiten bizitzeko bitarteko eta bide soila. Eraikitzea, berez, bertan bizitzea da"[36].

Erakusketarako, 80ko hamarkadan eskaiolaz, zeramikaz, zurez eta metalez egindako proba-laborategia aukeratu dut. Nabarmentzekoa da, batez ere, artistak eskaiolazko zirriborroak egin zituela, bere ilobekin jolasteko erabili ohi zituen jogurt-ontzietan oinarritutako moldeak erabiliz. Ez al da jolasa benetako bizitza? Jolasean ez al gara sartzen perfekzio-egoeran, betetasun betean, zeina desagertzen den jolasteari uzten diogunean? Jolasak espazio potentziala eta lantze subjektiboko denbora irekitzen ditu, eta artistari eskaintzen dio haurrei suposatzen zaien intentsitatea eta askatasuna. Jolasa ez da jarduera bat soilik, jarrera eta prestasuna ere bada. Mertxeren kasuan, jolasaren bizipena baldintza irekia da, sorkuntzarako ezinbestekoa, eta bere baitan hartzen ditu hutsaltasuna, arintasuna, jariotasuna, apaltasuna, umorea, ohikotasuna eta doakotasuna.

Jolasa gertatzen da espazio eta denbora seguruen nolabaiteko atsegintasunean. Segurtasunaren eta askatasunaren arteko negoziaziorako tarteko gune bat da, eta ez ditu funtsezko konpromisoak saihesten; aitzitik, haien eskakizunak gainditzen ditu. Subjektuari denbora bat irekitzen dio, zeinak beharrizanaren, egokitasunaren eta egokitzapenaren zehaztapenak gainditzen dituen. Jolasaren logikan, zeina mugimendu, tentsio eta bereizmen gisa adierazten baita, Mertxek beti bilatzen du lasaitasuna eta egokitasuna dakarren ondorioa.

Bazen behin erakusketa bat

Bazen behin erakusketak espazio bat adierazten du, kokaleku bat. Gure begien aurrean objektu bat dagoela ere adieraz dezake, objektu berezi bat, artelan bat. Gertu egon arren ikusten ez dugun hori hurbilaraztea. Objektua mundura jaurtitzea da, jaurtitzea begietara, aurpegira, berdin den ur-ibilgu motel bateko bat-bateko

36 HEIDEGGER, Martin, *Construir, habitar, pensar*, 2014. ULR: https://www.fadu.edu.uy/estetica-diseno-ii/files/2013/05/Heidegger-Construir-Habitar-Pensar1.pdf. Última consulta en octubre de 2024.

36 HEIDEGGER, Martin, *Construir, habitar, pensar*, 2014. ULR: https://www.fadu.edu.uy/estetica-diseno-ii/files/2013/05/Heidegger-Construir-Habitar-Pensar1.pdf. Azken kontsulta 2024ko urrian egin zen.

Una exposición marca una conclusión, una escansión en el tiempo continuo de la práctica artística. Desde el momento en que la obra queda terminada, la artista se desprende de ella y el público se convierte en partícipe: la completa, la deshace y la rehace. Permite que la vida de las obras se renueve y dota de nuevo sentido a la obra más allá de la intención inicial de la autora. La obra concluida se abre entonces al juego de su disfrute, a la aventura de la interpretación. Es una invitación a contar nuevos relatos a partir de ella.

Celebro todos los días que quedan para seguir jugando, lanzar de nuevo los dados o disputar otra partida de damas.

zurrunbiloa, amona baten txirikorda edo aita baten bizarra egiteko brotxa.

Erakusketa batek ondorio bat markatzen du, neurketa bat, praktika artistikoaren etengabeko denboran. Obra bukatuta dagoen unetik, artista hartaz gabetzen da eta publikoa partaide bihurtzen da: obra osatzen, desegiten eta berregiten du. Aukera ematen du obren bizitza berritzeko eta obrari beste zentzu bat emateko, egilearen hasierako asmotik harago. Bukatutako obra irekiko da, hala, gozamenaren jolaserako, interpretazioaren abenturarako. Hartatik abiatuz kontakizun berrietarako gonbidapena da.

Ospatu egiten ditut geratzen diren egun guztiak, jolasean jarraitzeko, dadoak berriro jaurtitzeko edo dama-partida bat jokatzeko.

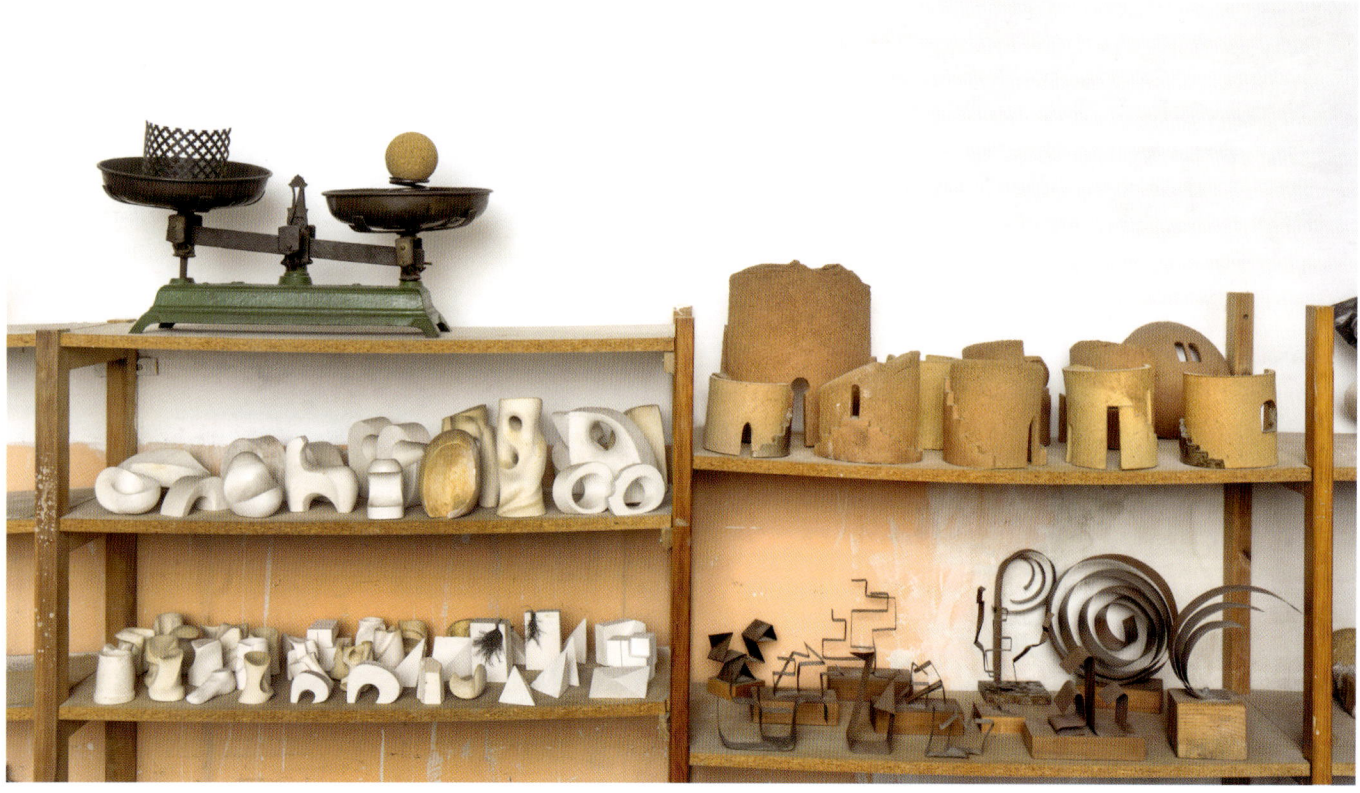

Con la medida de la diferencia, jugar
(seriamente). Algunos apuntes sobre la
trayectoria y obra de Mertxe Sueskun

Desberdintasun neurriarekin (serioski)
jolastu. Mertxe Sueskuren ibilbide eta
lanari buruzko ohar batzuk

Ane Lekuona-Mariscal

Podría ser

Salimos de casa de Mertxe pensando que la expresión funciona bien como título para la exposición[1]. *Podría ser.* Suena como un llamado a la potencia, a la posibilidad, de que esta muestra se haga realidad, por ejemplo. Es una frase que ella repite a menudo cuando proponemos una interpretación de sus obras o sobre algún periodo de su trayectoria. *Podría ser.*

Sin embargo, la expresión invita también a considerarla en su forma negativa: podría ser o no ser. La otra cara de la moneda siempre es una posibilidad. Esta exposición quizá podría no haber sucedido. Mertxe Sueskun podría no haber tomado su lugar en el Museo de Navarra; de hecho, casi sería lo más probable si tenemos en cuenta la falta de reconocimiento que han tenido la mayoría de las artistas de su generación. Pero finalmente es, y lo celebramos.

Las siguientes páginas buscan profundizar en la obra y la trayectoria de Mertxe Sueskun a partir de algunos ejes que me atraen y pienso que están presentes en su metodología de trabajo. En concreto, la intuición, el juego y la diferencia. Pensar con estas nociones, precisamente como si de un juego se tratase, y pese a que la tradición de mi disciplina las considere un terreno débil e inestable, creo que permitirá atender a matices a menudo desatendidos pero esenciales a la hora de intentar poner en jaque los discursos aprendidos y así, empezar a explorar otras facetas de la historia del arte del territorio.

Manos que miden

La trayectoria artística de Mertxe Sueskun comienza en los años ochenta en la Escuela de Arte de Deba. Para entonces, Sueskun había dejado su Iruña natal y vivía en Elgoibar junto a su pareja Josetxo. La Escuela de Deba, heredera del proyecto de la Escuela Experimental de Arte de Jorge Oteiza y de sus preceptos pedagógicos y éticos, fue un centro que apostaba no solo por que el alumnado aprendiera técnicas y conceptos artísticos, sino también por ofrecer un espacio idóneo y experimental para desarrollar su obra. Fue en este entorno donde se formó Sueskun.

Izan zitekeen

Mertxeren etxetik atera gara esanez esaldiak ondo funtzionatu zezakeela erakusketarako izenburu gisa[1]. *Izan zitekeen.* Potentziarako deia dirudi, erakusketa hau errealitate bihurtzeko aukera bezala, adibidez. Mertxek maiz errepikatzen duen esaldia da bere lanen edo ibilbidearen interpretazio bat proposatzen dugunean. *Izan zitekeen.*

Hala ere, adierazpenak bere ezezko forma kontuan hartzera ere gonbidatzen du: izan zitekeen ala ez. Txanponaren beste aldea beti da aukera bat. Erakusketa hau ez ospatzea aukera bat zen. Litekeena zen Mertxe Sueskunek Nafarroako Museoan bere tokia ez hartzea; are gehiago, hori zen seguruena bere belaunaldiko emakume artista gehienek izan duten aitortza falta kontuan hartuz gero. Baina azkenean bada eta ospatzen dugu.

Hurrengo orrialdeen nahia Mertxe Sueskunen obran eta ibilbidean sakontzea da. Eta horretarako bere lan-metodologian presente daudela deritzodan eta interesatzen zaizkidan hiru ardatzetatik abiatuko naiz; zehazki, intuizioa, jolasa eta ezberdintasunaren ideietatik. Kategoria horiekin pentsatzeak —hain zuzen jolas bat balitz bezala, eta nahiz eta nire diziplinaren tradizioak kontu ahul eta ezegonkor gisa ulertu— uste dut aukera emango duela sarritan alde batera uzten diren, baina ezinbestekoak diren ñabardurei arreta jartzeko. Besteak beste ikasitako diskurtsoak kolokatzen jartzen saiatzeko eta, horrela, lurraldeko artearen historiaren beste alderdi batzuk arakatu ahal izateko.

Neurtzen duten eskuak

Mertxe Sueskunen ibilbide artistikoa 1980ko hamarkadan hasi zen Debako Arte Eskolan. Ordurako, Sueskunek bere jaioterriko Iruña utzi eta Elgoibarren bizi zen bere bikotekide Josetxorekin. Debako Arte Eskola Jorge Oteizaren Arte Eskola Esperimentalaren eta haren hezkuntza eta etika proiektuaren oinordekoa izan zen. Ez zen soilik ikasleei teknika eta arte-kontzeptuak irakasteko zentro bat. Ikasleek obra garatu ahal izateko espazio

1   SUESKUN, Mertxe, Entrevista con la autora, septiembre de 2024.

1   SUESKUN, Mertxe, Egilearekin elkarrizketa, 2024ko iraila.

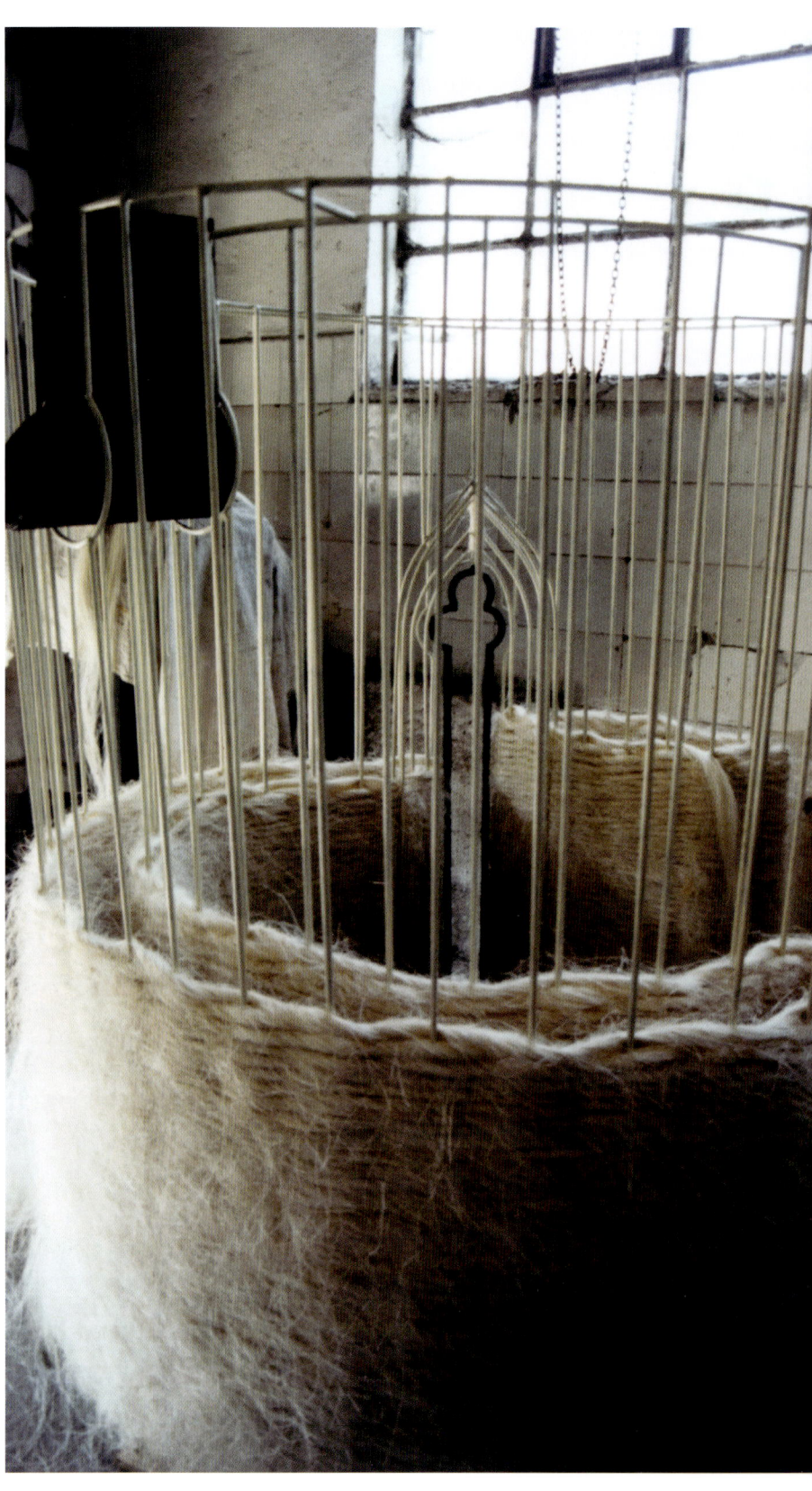

Obra en proceso en el
antiguo matadero de
Elgoibar en 1989.

Elgoibarko hiltegi
zaharrean 1989an
egiten ari zen lana.

En 1980 realizó un curso de cerámica y entre 1982 y 1985 asistió a clases de talla en piedra y madera. Aunque los talleres eran autónomos, el centro fomentaba la creación de un conocimiento compartido, promoviendo la puesta en común de los distintos trabajos. Este enfoque, junto con el compromiso con la renovación y transformación de la cultura y educación *euskaldun*, marcaron el carácter de la escuela[2].

Entre los recuerdos de Deba, Sueskun nos habla de quienes fueron sus profesores. Nombres como el de Santi Ortega y otros artistas que acababan de graduarse en la Facultad de Bellas Artes de Leioa y transmitían con entusiasmo lo que a ellos les había emocionado en su formación. De esta enseñanza la artista destaca dos aprendizajes que desde entonces han atravesado su práctica. Le enseñaron, por un lado, a amar el arte y a disfrutar del proceso de creación y, por otro, a experimentar con los materiales, a dialogar y jugar con ellos. No es casualidad que en su estudio guarde varios ejercicios escultóricos de aquella época. Pruebas de escayola y cerámica que, siguiendo la medida de un tarro de yogur, servían para ejercitar la relación entre las formas delineadas, los vacíos y la gravedad. Los contemplo como una especie de registro, un archivo de lo que estaba tomando forma por aquellos primeros años de formación, como si prefiguraran parte de la trayectoria artística de Sueskun. Pero también como si de un álbum fotográfico se tratara, el inventario de piezas funciona como un testimonio de los recuerdos, la curiosidad y la pasión de aquellos años de aprendizaje (págs. 108-111).

Una de las cuestiones que tanto Txaro Fontalba, artista y la comisaria de la exposición, como yo consideramos relevante es que en el taller de escultura del centro de Deba Mertxe Sueskun era la única alumna. Había algunas más en cerámica y en otros talleres, como en grabado, pero ninguna en escultura. En realidad, no es un dato sorprendente si tenemos en cuenta el contexto y la propia historia de la escultura, marcada por una larga y no tan lejana asociación con la masculinidad, siendo testigo de ello la historia del arte del País Vasco heredada.

egoki eta esperimentala izatea bermatu nahi zuen eskola izan zen. Hala, giro horretan hasi zen Sueskun. 1980an zeramika ikastaro bat egin zuen, eta 1982 eta 1985 bitartean harria eta egurra zizelkatzeko eskoletara joan zen. Lantegiak autonomoak ziren arren, ezagutza partekatzea sustatzen zen, ikasleek beren lanak elkarren artean ezagutaraziz. Ikuspegi horrek, euskal kultura eta hezkuntza berritzeko eta eraldatzeko konpromisoarekin batera, zentroaren izaera definitu zuen[2].

Debako oroitzapenetan murgilduta, Sueskunek bere irakasle izandakoez hitz egiten digu. Santi Ortegaren izena azpimarratzen du, besteak beste. Oro har, Leioako Arte Ederren Fakultatean berriki graduatutako artistak ziren eta haien formazioan ikasitakoa grinez transmititzen zutela dio Mertxek. Irakaspen horretatik, bi ikaskuntza nabarmentzen ditu artistak, ordutik bere praktika zeharkatu dutenak. Batetik, artea maitatzen eta sorkuntza-prozesuaz gozatzen irakatsi ziotela dio, eta bestetik, materialetik esperimentatzen, haiekin hitz egiten eta jolastea barneratu zuela. Ez da kasualitatea bere estudioan garai hartako hainbat ariketa eskultoriko gorde izana. Jogurt-pote baten neurriaren arabera egindako igeltsu eta zeramikazko probak dira, forma marraztuen, hutsuneen eta grabitatearen arteko harremana lantzeko balio zutenak. Lehen urte horietan forma hartzen ari zenaren hala-nolako erregistro gisa begiratzen ditut, artistaren ibilbidearen zati bat iragarriko balute bezala. Bada, argazki-album bat balitz bezala, piezak ere badira urte haietako oroitzapen, jakin-min eta grinaren lekuko (108.-111. or.).

Erakusketaren komisarioa den Txaro Fontalba artistarentzat, baita niretzat ere, garrantzitsua da Debako zentroko eskultura lantegian Mertxe Sueskun emakumezko ikasle bakarra izan zela jakitea. Beste lantegi batzuetan, zeramikan eta grabatuan besteak beste, baziren hainbat emakume; ez aldiz eskulturan. Egia esan, ez da datu harrigarria eskulturaren sozializazioaren historia kontuan hartzen badugu. Izan ere, genero artistiko honek maskulinitatearekin lotura luzea du, jaso dugun Euskal Herriko artearen historiak argi erakusten digun moduan.

---

2   Para más información sobre esta la Escuela de Deba, consultar: ONANDIA, Mikel; ROBLES TARDÍO, Rocío y RUBIRA, Sergio, *Pentsatzeko leku bat. Arte-eskola eta praktika esperimentalak Euskal Herrian (1957-1979) = Un sitio para pensar. Escuelas y prácticas educativas experimentales de arte en el País Vasco (1957-1979)*, Vitoria-Gasteiz, Artium Museoa, 2021; y CAMPO ARGOTE, Mikel, "Debako Arte Eskola. Una experiencia singular", Ondare, 26 (2008), pp. 177-190.

2   Debako Eskolaren informazio gehiagorako, kontsultatu: ONANDIA, Mikel; ROBLES TARDÍO, Rocío eta RUBIRA, Sergio, *Pentsatzeko leku bat. Arte-eskola eta praktika esperimentalak Euskal Herrian (1957-1979) = Un sitio para pensar. Escuelas y prácticas educativas experimentales de arte en el País Vasco (1957-1979)*, Vitoria-Gasteiz, Artium Museoa, 2021; eta CAMPO ARGOTE, Mikel, "Debako Arte Eskola. Una experiencia singular", *Ondare*, 26 (2008), 177.-190. or.

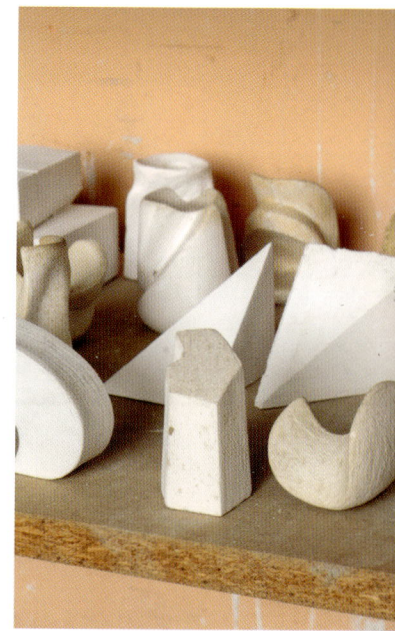

Dentro de la historiografía feminista del arte, la explicación más extendida sobre por qué históricamente las alumnas no se especializaban en escultura se ha relacionado con las dificultades que enfrentaron estas durante mucho tiempo a la hora de acceder a clases como Anatomía y Composición o para realizar estudios de desnudos, una enseñanza esencial para cumplir con las exigencias clásicas de la disciplina escultórica, donde el estudio del cuerpo jugaba un papel central. En contextos más cercanos como el que aquí atendemos, las alumnas sí tuvieron acceso a la formación de esta disciplina, sobre todo aquellas que ingresaban a la educación superior, aunque por lo general los sesgos de género en las disciplinas se mantuvieron intactos durante décadas.

La vinculación de la escultura y sus materiales tradicionales con la fuerza física, el espacio público, la conmemoración y la *grandeza*, como lo llamó la historiadora del arte Germaine Greer[3], sin duda marcaron el imaginario de este campo artístico. Por ejemplo, en la Real Academia de Bellas Artes de San Fernando, la más frecuentada entre las jóvenes del territorio vasco-navarro que buscaban instruirse en artes antes de la creación de la Escuela de Bellas Artes de Bilbao, luego Facultad, la especialización en escultura nunca superó el dos por ciento entre las alumnas[4]. En la joven Facultad de Bellas Artes de Leioa, esta desproporción siguió presente, aunque la entrada de mujeres escultoras fue significativa en relación con otros puntos geográficos, seguramente debido a la herencia que recibió este centro de los escultores vascos reconocidos de las décadas previas. Aun así, en los años ochenta todavía no eran muchas las artistas que se decantaron por la escultura[5], lo que lleva a pensar que, más allá de los obstáculos materiales y espaciales, el plano simbólico y, por tanto, la forma en que las alumnas se sentían frente a ciertas prácticas y

Artearen historiografia feministaren barruan, emakumezko ikasleek eskulturan ez espezializatzearen joera, oro har, urteetan emakumeek Anatomia eta Konposizio eskoletara sartzeko izan zituzten zailtasunekin lotu izan da; baita ere biluziak marrazteko ikasketak jasotzeko izan zituzten oztopoekin ere. Kontu garrantzitsua zen, izan ere, diziplinaren eskakizun klasikoen baitan horiek funtsezko irakaskuntzak ziren. Testuinguru hurbilagoetan, emakumezkoek formakuntza eskultorikoa jasotzeko aukerak izan zituzten, batez ere goi-mailako hezkuntzan sartzen ziren ikasleek. Baina, hala eta guztiz ere, diziplina artistikoen joera sexuatuak hamarkadetan aurrera berdin jarraitu zuten.

Eskulturari lotutako material tradizionalek indar fisikoarekin, espazio publikoarekin edo, Germaine Greer artearen historialariak esan bezala, *handitasunarekin*[3] duten loturak diziplina artistikoaren iruditeria definitu zuten. Adibidez, San Fernando Arte Ederretako Errege Akademian —Bilboko Arte Ederren Eskola eta Fakultatea sortu aurretik lurraldeko gazteen hezkuntza-aukera nagusia zen zentroan—, emakumezko ikasleen artean eskulturaren espezializazioa ez zen inoiz ehuneko bira iritsi[4]. Leioako Arte Ederretako Fakultate ireki berrian ere, desproportzio hori presente egon zen, nahiz eta aipagarria da emakume eskultoreen sartzea esanguratsua izan zela penintsulako beste gune geografiko batzuekin alderatuta, ziurrenik zentro horrek aurreko hamarkadetako euskal eskultore ezagunengandik jaso zuen herentziarengatik. Hala ere, 1980ko hamarkadako euskal eszena artistikoan, emakumezko eskultoreen kopurua ez zen handiegia[5]. Beraz, pentsa liteke oztopo material eta espazialez haratago, eremu sinbolikoak —praktika eta ekintza batzuen aurrean ikasleek zuten sentitzeko moduak— funtsezko papera izan zuela diziplina eta artisten

3 Sería la traducción del término *greatness*. GREER, Germaine, *La carrera de obstáculos. Vida y obra de las pintoras antes de 1950*, Madrid, Editorial Bercimuel, 2005, p. 107.

4 CABANILLAS CASAFRANCA, África y SERRANO DE HARO, Amparo, "La mujer en la Escuela de Bellas Artes de San Fernando (1873-1967)", *Academia. Boletín Real Academia de Bellas Artes de San Fernando*, 1 (2019), pp. 111-136.

5 Por ejemplo, en la primera fase del premio Gure Artea, que abarcó desde 1982 hasta 1995, con una notable diferencia, la mayoría de las participantes se presentaban en la sección de pintura y el número en escultura era mucho menor. Para más información, consultar: ANSA-ARBELAIZ, Garazi; BARCENILLA, Haizea y LEKUONA-MARISCAL, Ane, "Revisar los hitos: Gure Artea desde una perspectiva de género (1982-1995)", *Arte, Individuo y Sociedad*, 36-2 (2024), pp. 433-444.

3 Ingelerazko *greatness* hitzaren itzulpena liteke. GREER, Germaine, *La carrera de obstáculos. Vida y obra de las pintoras antes de 1950*, Madril, Editorial Bercimuel, 2005, 107. or.

4 CABANILLAS CASAFRANCA, África eta SERRANO DE HARO, Amparo, "La mujer en la Escuela de Bellas Artes de San Fernando (1873-1967)", *Academia. Boletín Real Academia de Bellas Artes de San Fernando*, 1 (2019), 111.-136. or.

5 Adibidez, Gure Artea lehiaketaren lehen fasean (1982-1995), emakumezko parte-hartzaile gehienak pintura alorrean aurkezten ziren, eta eskulturan kopurua askoz ere txikiagoa zen. Informazio gehiagorako, konsultatu: ANSA-ARBELAIZ, Garazi; BARCENILLA, Haizea eta LEKUONA-MARISCAL, Ane, "Revisar los hitos: Gure Artea desde una perspectiva de género (1982-1995)", *Arte, Individuo y Sociedad*, 36-2 (2024), 433.-444. or.

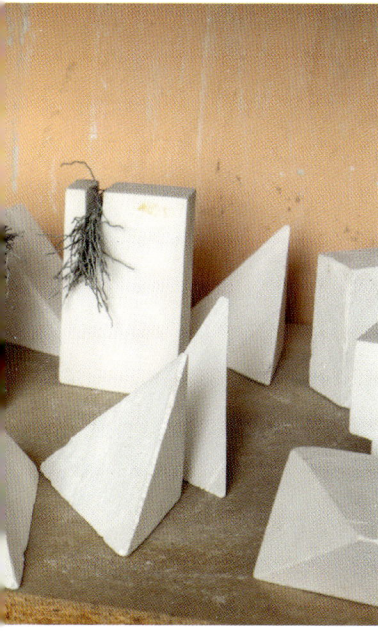

acciones, jugaron un papel fundamental en esta brecha. Las lógicas sociales siempre determinan la forma que toman nuestros afectos.

Le preguntamos a Mertxe por qué. Por qué se inclinó por la escultura tan pronto como se interesó por la formación artística. "Dibujaba mal", responde. "Siempre que he hecho una obra, no la dibujo porque me parece que dibujarla, ya es hacerla. Entonces, lo que hago es directamente ir al objeto". Su interés y modo de crear no tienen que ver, por tanto, con la representación, sino con los objetos: los materiales, las cosas, las texturas y los nuevos significados que estos pueden generar al transformarlos. Mueve las manos al explicar esta idea, como si su forma de pensar artísticamente comenzara precisamente ahí, en el acto de tocar, manipular y dialogar con los objetos hasta llegar a un consenso. En este sentido, considero importante recordar que cuando ingresó en la Escuela de Deba, Mertxe no había recibido formación artística según los parámetros tradicionales. Sus manos no habían sido domesticadas por este tipo de enseñanzas, aunque con desagrado recuerda otras prácticas impuestas por la norma de la época, como la costura.

Si subrayo este aspecto es justamente porque intuyo que el haberse formado en espacios más experimentales y menos reglados por las lógicas tradicionales permitió a Sueskun abrirse a nuevas posibilidades artísticas; a las que le podía proporcionar la escultura, por ejemplo[6]. Estas otras posibilidades tenían que ver con el plano experimental, con favorecer que enfocara la creación desde parámetros distintos a los del perfeccionamiento técnico, así como con la manera de acercarse a la práctica, al encontrar en el diálogo con los materiales una disposición corporal donde la comodidad, y no tanto la resistencia, tuviera peso[7].

genero arrakala horretan. Logika sozialek beti zehazten dute gure afektuek hartzen duten forma.

Mertxeri horren zergatia galdetzen diogu. Zergatik aukeratu zuen eskultura arte hezkuntzarekiko interesa piztu zitzaionean. "Gaizki marrazten nuen" erantzuten du. "Obra bat egin dudan guztietan, ez dut aurretik marrazten, marraztea jada sortzea dela iruditzen zaidalako. Beraz, zuzenean objektura joaten naiz". Hortaz, bere interesa eta sortze modua ez da irudikapenarekin lotzen, baizik eta objektuarekin: materialak, gauzak, testurak, eta horiek eraldatzean sor daitezkeen esanahi berriekin. Eskuak mugitzen ditu ideia hori azaltzean, bere pentsaera artistikoa hor hasiko balitz bezala, hain zuzen; objektuak ukitzeko, manipulatzeko eta hitz egiteko ekintzan, nolabaiteko adostasunera iritsi arte. Alde horretatik, garrantzitsua iruditzen zait gogoratzea Debako Eskolan sartu zenean Mertxek ez zuela aurretiko arte prestakuntzarik. Bere eskuak ez ziren irakaskuntza mota horiengandik otzandu; hala ere, garai hartako bestelako praktika inposatu bat gogoratzen du, zera, josketa, batere gustukoa ez zuena.

Ideia hori azpimarratzen dut, hain zuzen, uste dudalako logika artistiko tradizionaletatik kanpo hezi izanak aukera artistiko berriak zabaldu zizkiola Sueskuni, esaterako, eskulturak eskaini zezakeenak[6]. Bestelako aukera horiek plano esperimentalarekin zuten zerikusia, adibidez, sormen artistikoa perfekzio teknikoaz haratago bideratzearekin. Baita praktika berara hurbiltzeko moduarekin ere. Esaterako, materialekin ezarri beharreko elkarrizketan ezinbestean aurre-egiteko posizioan egon beharrean, Sueskunek gorputza eroso egotea hobesten du[7].

Bere eskuak ez ziren marrazketa akademikoan hezi, hala ere, artistak beste anekdota batzuk aipatzen dizkigu, bere *gorputz-ibilbidearekin* lotura izan dezaketenak, Mari Luz Eteban antropologoaren kontzeptua jarraitzen badugu.

6   Un asunto que merece ser repensado es cómo la aproximación de las artistas hacia la escultura fue cambiando a lo largo de las décadas. A diferencia de las artistas que, como Mertxe Sueskun, se incorporaron al sistema artístico en los años ochenta, Txaro Fontalba me comenta que tiene la sensación de que, para ella y para su generación —las artistas que entraron en el sistema artístico en la siguiente década—, la escultura ofrecía mayores posibilidades y menos restricciones que otros campos como, por ejemplo, la pintura.

7   Por ejemplo, a la pregunta de por qué dejó de hacer esculturas de gran tamaño y las piezas de bronce, responde que "porque ya no me sentía cómoda" y "porque la soldadura era muy dura y dije, basta".

6   Interesgarria deritzot emakume artistek hamarkadetan aurrera eskulturarekiko hurbilketan izan zituzten aldaketak hausnartzea. Mertxe Sueskunen antzera, sistema artistikoan laurogeiko hamarkadan sartu ziren artisten kasuan ez bezala, Txaro Fontalbak dio sentsazioa duela berarentzat, eta bere belaunaldiko emakume artistentzat —sistema artistikoan laurogeita hamarreko hamarkadan sartu zirenak —beste genero artistiko batzuen aldean, eskulturak esperimentazio aukera gehiago eman zezakeela, adibidez pinturarekin alderatuz gero.

7   Adibidez, tamaina handiko eskulturak eta brontzezko piezak egiteari zergatik utzi zion galdetzen diogunean, zera dio: "jada ez nintzelako eroso sentitzen"; edota: "soldadura oso gogorra zelako, eta esan nuen, nahikoa da".

Sus manos no fueron instruidas en el dibujo académico, sin embargo, Sueskun nos habla de otras anécdotas que formarían parte de su *itinerario corporal*, si seguimos el concepto de la antropóloga Mari Luz Esteban, que atiende cómo ciertas prácticas y acciones corporales que realizamos en nuestra trayectoria vital determinan nuestras vivencias, resistencias y deseos, y nos entrelazan con lo colectivo[8]. Mertxe se recuerda en el mercado, cuando ayudaba a su madre colocando las alcachofas, las patatas, en forma de pirámide, ordenándolas, compensando y equilibrando las cargas, formando pirámides. "Ahí empezó, ¿sabes? A apreciar el orden, la composición, a apreciar la simetría… a jugar".

Arantzak kentzen
[sacándome las espinas]

Tras su paso por Deba, entró a tomar cursos en Arteleku entre 1986 y 1993. No fueron pocos años, y sin duda fue una experiencia significativa en su trayectoria. Nos interesa cuando habla de quien fue su profesora en el taller de textil: Consuelo Gómez. De hecho, su entrada en Arteleku estuvo relacionada con ella, ya que fue siguiendo su rastro, cuando supo que Gómez había pasado a dar clases en el centro, cuando Mertxe entró a Arteleku. Gómez y Sueskun entablaron una amistad que creo fue relevante, no tanto en el plano artístico, aunque el uso de materiales como el sisal por parte de Sueskun en aquellos años se podría relacionar con esa apertura hacia la experimentación con materiales no tradicionales en la escultura, diferentes a la madera, la piedra y el bronce. Más allá de lo artístico, esta amistad pudo ser importante en el proceso de que Mertxe se sintiera cómoda en el papel de artista.

Nos cuenta cómo, en una ocasión, un crítico de arte dijo con un tono despectivo que su obra era muy barroca, pero que ella, ante esta crítica sintió que daba igual lo que dijeran desde afuera. Lo importante era siempre el juicio que se hacía en primera persona y el haber disfrutado del proceso. Esa posición marcaría su trayectoria. Así, cuando en esos mismos años su compañero de Arteleku sugirió que sus manos eran demasiado pequeñas para esta disciplina, aplicó la misma estrategia de resistencia: ella disfrutaba del

Termino horrekin egileak atentzioa jarri nahi du gure bizi-ibilbidean zehar burutzen ditugun praktika eta ekintza fisikoek gure esperientzia, erresistentzia eta desiretan eragiten dutela, eta kolektiboarekin lotzen gaituztela[8]. Hala, merkatuan gogoratzen da Mertxe, bere ama laguntzen; orburuak eta patatak piramide formetan antolatuz, kargak ordenatu eta konpentsatuz. "Hori izan zen hasiera, badakizu? Ordena, konposizioa, simetria apreziatzen hasi nintzen… jolasten hasi nintzen".

Arantzak kentzen

Debako Eskolatik pasa ondoren, 1986 eta 1993 urte artean Artelekuko ikastaroetan izan zen. Ez ziren urte gutxi izan, eta zalantzarik gabe, esperientzia garrantzitsua izan zen bere ibilbidean. Interesgarria da ehungintzako lantegian irakasle izan zuen Consuelo Gómezi buruz diona. Hain zuzen, Artelekun sartu izanak zerikusia izan zuen berarekin, haren bidea jarraituz iritsi baitzen bertara. Gómez eta Sueskun lagunak egin ziren eta esango nuke horrek garrantzia izan zuela. Ez hainbeste plano artistikoan, nahiz eta Sueskunek urte haietan sisala moduko materialak erabiltzeko erabakia —alegia, harria edo brontzea ez bezala, tradizio eskultorikotik kanpo geratzen ziren bestelako materialak erabiltzea— esperimentazio irekiera horrekin lotu daitekeen. Baina alde artistikotik haratago, pentsa daiteke adiskidetasunak garrantzia izan zuela Mertxe artistaren paperean eroso sentitzeko prozesuan.

Anekdoten artean, kontatzen digu behin arte-kritikari batek esan zuela bere lana oso barrokoa zela, baina kritika horren aurrean zera sentitu zuela: berdin zuen kanpotik zer esaten zen, garrantzitsuena lehen pertsonan egiten zen epaiketa zen, eta prozesuaz gozatzea. Jarrera horrek Sueskunen ibilbidea markatu zuen. Hala, urte berean Artelekuko ikaskide batek bere eskuak eskulturarako txikiegiak zirela iradoki zionean estrategia berdina aplikatu zuen: prozesuaz disfrutatzen zuen, eta beraz, bai egite berak bai sortutako lanak balio eta esanahia zuen. "Joko serioa zen", dio. Jarraitzeko konpromisoak eta egite berarekiko segurtasunak —lan prozesuak kanpoko kritiketatik defendatzeko argumentu bat balitz bezala— garrantzi handia hartu zuen Sueskunen

8   ESTEBAN, Mari Luz, *Antropología del cuerpo. Género, itinerarios corporales, identidad y cambio*, Barcelona, Bellaterra Edicions, 2013.

8   ESTEBAN, Mari Luz, *Antropología del cuerpo. Género, itinerarios corporales, identidad y cambio*, Bartzelona, Bellaterra Edicions, 2013.

proceso y, por esa razón, tanto el hacer como consecuentemente la obra tenían valor y significado. "Era un juego serio", apunta. La constancia y la seguridad en el hacer, como si el mismo proceso fuera un argumento para defenderse de las críticas externas, tomaron un lugar importante en su trabajo y, pienso, en su identificación con la categoría de artista.

Este es un tema que me interesa desde hace un tiempo ¿Cómo se construye la identidad artística? ¿Cómo se relaciona una con la categoría de artista? ¿Repercute esta identidad en la manera de sentirse y mostrarse? En el caso de Sueskun, como decía, creo que es el proceso, el mismo trabajo de experimentación el que orienta y lleva a la artista a relacionarse con esta categoría. Sin embargo, más allá de ser un proceso individual y aislado, y a diferencia de otros oficios, la designación de artista está estrechamente vinculada a lo social, a la manera en que cada sociedad ha interpretado esta actividad, y los valores y estereotipos que han rodeado esta categoría.

Así pues, volvemos a los años de Arteleku, donde Sueskun compartía tanto el espacio como el sistema artístico —concursos, premios, exposiciones— con compañerxs que venían de la Facultad de Bellas Artes. Sobre este asunto, Mertxe hace un apunte significativo y reflexionado desde la distancia temporal. Señala que quienes provenían de la educación superior estaban mejor preparadxs a la hora de explicar sus obras. Habían incorporado términos que estaban en boga en el arte de la época y tenían la capacidad para dotar sus prácticas de cierto marco conceptual. En otras palabras, estaban más instruidxs para satisfacer las exigencias del sistema artístico del momento.

Puede que fuera esa conciencia de la diferencia —fácil de desentrañar desde una lectura de clase— la que llevara a Sueskun a no elaborar un marco discursivo para su obra, aunque irónicamente en muchas ocasiones los títulos de sus piezas toman un peso conceptual considerable. Por su parte, alejada de cualquier voluntad de construir una explicación teórica, recuerda que "el mejor piropo que me han echado" fue cuando una mujer mayor, ajena al arte contemporáneo y sus lenguajes, le felicitó por su trabajo, alegando que su exposición le había evocado "calma y serenidad". Sería la capacidad de evocar, sugerir y "movernos", entonces, lo que buscan los objetos de Sueskun.

lan egiteko moduan eta, esango nuke, artista kategoriarekin identifikatzeko bidean.

Aspalditik interesatzen zaidan gaia da hori. Zera, nola eraikitzen da identitate artistikoa? Nola identifikatzen da bat artistaren kategoriarekin? Nortasun horrek ba al du eraginik sentitzeko eta publikoki agertzeko moduetan? Sueskunen kasuan, esan bezala, uste dut lan prozesu bera dela artista kategoriarekin erlazionatzera eramaten duena. Hala ere, prozesu indibidual eta isolatua izateaz haratago, beste lanbide batzuekin gertatzen ez den bezala, artistaren izendapena hertsiki lotuta dago eremu sozialarekin, alegia, gizarte bakoitzak jarduera hau interpretatu duen moduekin eta kategoriari gehitu izan zaizkion balio eta estereotipoekin.

Artelekuko urteetara itzuli gaitez, Sueskunek sistema eta giro artistikoa —lehiaketak, sariak, edota erakusketak— Arte Ederren Fakultatetik zetozen artistekin partekatzen zuen urteetara. Gai honi buruz Mertxek ohar esanguratsu bat egiten du, denbora-distantziatik egindako hausnarketa bat. Dio goi-mailako hezkuntzatik zetozenak hobeto prestatuta zeudela beren lanak azaltzeko orduan. Izan ere, horiek garaiko arte alorrean pil-pilean zeuden terminoak barneratu zituzten eta beren praktikak nolabaiteko marko kentzeptualez hornitzeko gaitasuna zuten. Beste hitz batzuetan esanda, une hartako sistema artistikoaren eskakizunak asetzeko trebatuagoak zeuden.

Baliteke ezberdintasunaren kontzientzia horrek —klase irakurketa batetik erraza dena deseraikitzen— eragin izana Sueskunek bere lanaren marko diskurtsibo bat eraikitzeko nahia ekiditea; nahiz eta, paradoxikoki, askotan bere obren izenburuek pisu-kontzeptual nabaria eransten dieten piezei. Bestalde, azalpen teorikoen beharretatik urrunduta, artistak gogorazten digu eman dioten piroporik onena arte garaikidearen hizkuntzekin loturarik ez zuen adineko emakume batek bere lanarengatik zoriondu zuenean izan zela, bere erakusketak "lasaitasuna eta bakea" sentiarazi ziola esan zionean. Hortaz, baliteke Sueskunen objektuen nahia eta borondatea hori izatea: zeozer gogora ekartzea, iradokitzea eta ikusten duen hori "mugitzea".

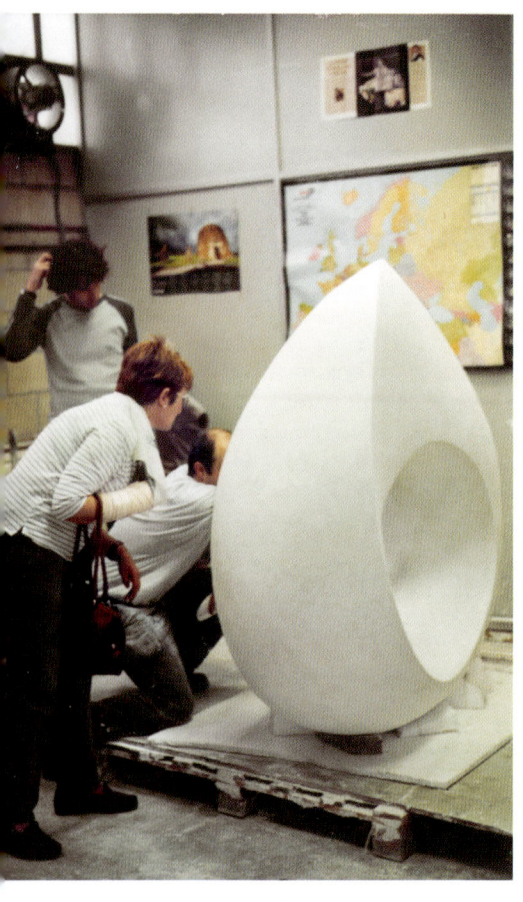
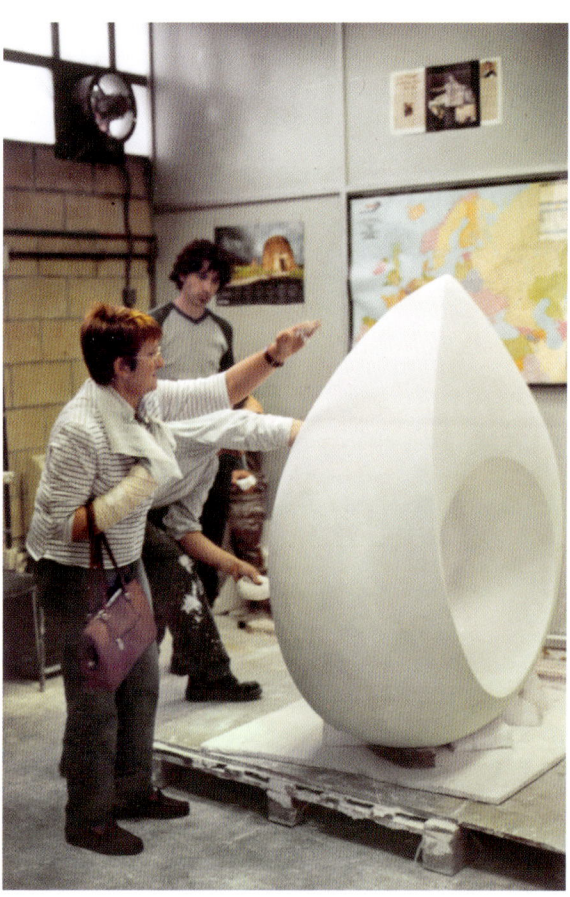
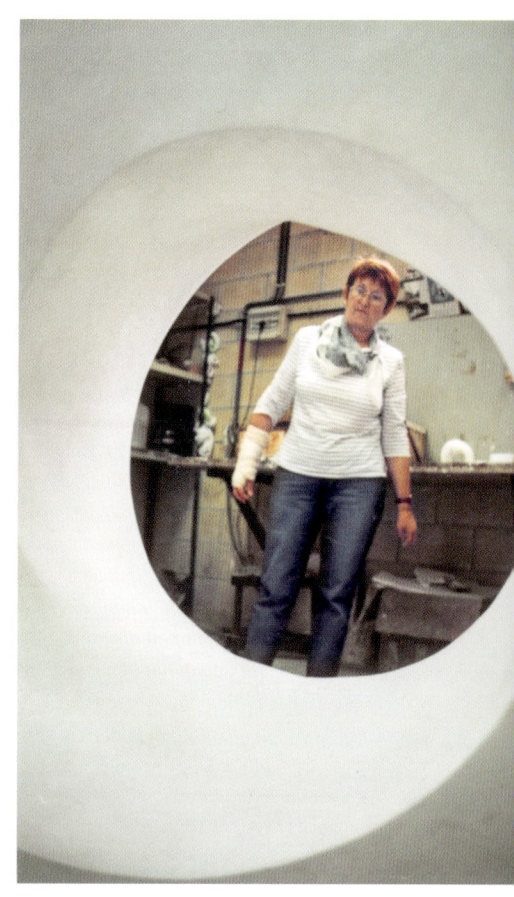

Mertxe Sueskun
en Alfa Arte (Eibar)
en 2002.

Mertxe Sueskun
Alfa Arten
(Eibar), 2002an.

Navegar la diferencia

No me alejo de la pregunta sobre cómo Sueskun dialogó y sigue dialogando a día de hoy con la categoría de artista. "Persona normal, no corriente, pero sí normal" es una de las frases que suelta en esta conversación. La perspectiva feminista que compartimos Txaro y yo nos lleva a interesarnos por indagar cómo fue su experiencia como artista mujer dentro de un contexto artístico masculinizado y los efectos que esto pudo tener. La claridad con la que recuerda algunas de las anécdotas anteriormente mencionadas, como el comentario infantilizador de su compañero acerca de sus manos, me remite directamente a la reflexión de la pensadora Sara Ahmed, quien analiza cómo la intensidad de ciertas sensaciones, como puede ser la irritación o la rabia, nos lleva a percatarnos de nuestras superficies corporales[9]; es decir, a tomar cierta conciencia de nuestros cuerpos, de sus características y diferencias, y por tanto, de sus significados sociales.

Es a través de esta concatenación de historias y sensaciones archivadas como Sueskun llega a hablar de lo que las feministas de la segunda ola denominaron diferencia sexual y aquí llamaré simplemente diferencia. "Yo lo que si pensaba es que, desde el momento en que yo estoy haciendo algo, y estoy haciendo algo que se sale de lo normal —porque es así—, yo estoy aportando algo como mujer. Ahí queda eso".

Esta reflexión de la escultora abre la posibilidad de reconsiderar diversas cuestiones, como por ejemplo si la propia práctica artística y las experiencias vividas en ciertos espacios posibilitaron a Sueskun, y a una generación de artistas mujeres, desarrollar cierta conciencia feminista o protofeminista, al articularse no todavía —como analizó Mercedes Arbaiza— de manera discursiva, sino a través de una forma compartida de sentir[10]. Sin embargo, en este caso me decanto por explorar cómo Mertxe Sueskun incorporó en su obra aquella idea de "salir de lo normal", es decir, su diferencia.

Me interesa pensar sobre esta cuestión principalmente en relación con las esculturas de Sueskun de los años ochenta y noventa, justamente porque algunas de estas piezas guardan una estrecha vinculación formal y procesual con lo que se denominó la Nueva

Ezberdintasuna nabigatu

Ez naiz urrentzen Sueskunek artista kategoriarekin —lehen eta orain— izan duen harremanaren inguruko galderatik. "Pertsona normala, ez arrunta, baina bai normala" da gure elkarrizketan botatzen duen esaldietako bat. Txarok eta biok partekatzen dugun ikuspegi feministak zera galdetzera garamatza: nolakoa izan zen bere esperientzia testuinguru maskulinizatu horretan? Eta horrek zein ondorio izan zituen? Lehen aipatu ditugun anekdota batzuk hain argi gogorazteak —hala nola bere eskuei buruzko iruzkina— Sara Ahmed pentsalariaren gogoetetara narama. Ahmedek aztertzen du nola sentsazio jakin batzuen intentsitateak, hala nola sumindurak edo amorruak, gure azal fisikoaz ohartaraztera garamatzala[9]; hau da, gure gorputzez, haien ezaugarriez eta ezberdintasunez jabetzera, eta ondorioz, haien esanahi sozialak erreparatzera.

Istorio eta sentsazio-artxibo kateatu horiei tiraka iristen da Sueskun bigarren olatu feministako emakumeek sexu-diferentzia deitu zutenari buruz hitz egitera —nik hemen ezberdintasunaren terminoaz aipatuko dudana—. "Nik pentsatzen nuena zera zen. Ni zerbait egiten ari naizen unetik, eta normaltasunetik ateratzen den zerbait egiten ari naizenetik —horrela delako—, ni emakume gisa ekarpen bat egiten ari naizela. Hor geratzen da hori".

Eskultorearen gogoeta horrek hainbat gai berrikusteko aukera ematen du; esate baterako, ea praktika artistikoak berak, eta zenbait espazioetan bizitako esperientziek, Sueskuni eta emakumezko artista belaunaldi bati nolabaiteko kontzientzia feminista edo protofeminista garatzeko aukera eman ote zioten. Agian ez diskurtsiboki, baina bai sentitzeko modu partekatu baten bidez, Mercedes Arbaiza historialariak aztertu zuen moduan[10]. Dena dela, kasu honetan, Mertxe Sueskunek bere lanetan "normaltasunetik ateratzeko" ideia hori nola txertatu zuen begiratzea proposatzen dut, alegia, bere ezberdintasuna nola aplikatu zuen erreparatzea.

Interesgarria deritzot galdera hori batez ere Sueskunen laurogeiko eta laurogeita hamarreko hamarkadetako eskulturei begiratzeko orduan. Izan ere, bai forma zein prozesu aldetik, pieza

9   AHMED, Sara, *La política cultural de las emociones*, Ciudad de México, Universidad Nacional Autónoma de México, Centro de Investigaciones y Estudios de Género, 2017.
10   ARBAIZA, Mercedes, "El malestar de las mujeres en España (1956-1968)", *Arenal*, 28-2 (2021), pp. 415-445.

9   AHMED, Sara, *La política cultural de las emociones*, Ciudad de México, Universidad Nacional Autónoma de México, Centro de Investigaciones y Estudios de Género, 2017.
10   ARBAIZA, Mercedes, "El malestar de las mujeres en España (1956-1968)", *Arenal*, 28-2 (2021), 415.-445. or.

Escultura Vasca, aquella tendencia que surgió en los años ochenta en el territorio vasco, donde la herencia del lenguaje escultórico local, fundamentado en gran medida en las propuestas de Jorge Oteiza, se fusionó con ciertas tendencias internacionales como el arte povera y el minimal. La experimentación en el dialogo de materiales orgánicos y frágiles con otros tradicionales, como la piedra y la madera, por un lado, y la voluntad por construir y reflexionar sobre lógicas rítmicas, modulares y geométricas, por otro, fueron puntos de interés compartidos por una generación de artistas en el territorio vasco.

El diálogo que plantean muchas obras de Sueskun, como el que se establece entre el sisal o la tela de saco y el hierro o el metal, por ejemplo, se inscribe en este entramado generacional. Por tanto, aquella diferencia vinculada a su experiencia de género, *su* diferencia como decíamos, radicaría en los matices. Pienso, por ejemplo, que en muchas de estas piezas se repite la presencia de curvas que parecen buscar la inclinación, la caída. Se muestran flexibles, capaces de adaptarse, como si se distanciaran de la rectitud y la verticalidad que, como reflexiona Adriana Cavarero, el pensamiento occidental ha imaginado al ser humano, o más bien, al hombre[11]. Es lo que me sugiere la pieza *Etzanda* (2002) (pág. 83) o aquella otra de sisal, *Sin título* (1988) (pág. 65), que colgada en la pared inclinada como un río, busca su salida aceptando la contingencia.

Aquella diferencia pudiera estar también en las numerosas ocasiones en que las obras de Sueskun hacen alusión a la interdependencia que nos constituye como seres humanos. Nuestros cuerpos no aguantan solos, advierte Judith Butler en contra de los peligros que derivan del ideal expandido del sujeto neoliberal autónomo[12]. No puedo evitar pensar en esto en obras como *Café para dos* (1996) y *Recordando a Adriano* (1995) (págs. 76 y 80), donde los cuerpos se fusionan para protegerse y potenciarse (fig. 4). También en *Zaindu* (1995) y *Zu ta ni / Tú y yo* (2015) (págs. 80 y 104-105), donde los títulos, como decíamos, asumen una carga significativa. Tiene algo de esto también la vertiente de la "casa" que trabaja Txaro Fontalba en su texto[13].

horietako batzuek lotura estua dute Euskal Eskultura Berria deitu zenarekin. Joera hori laurogeiko hamarkadan sortu zen eta tokiko hizkuntza eskultorikoaren herentzia —neurri handi batean Jorge Oteizaren proposamenetan errotua— nazioarteko zenbait joerekin uztartzean oinarritu zen; hala nola arte povera eta minimalarekin. Euskal artista belaunaldi horren interes partekatuen artean, alde batetik, material organiko eta hauskorren eta tradizionalagoen arteko —harria eta egurra, esaterako— esperimentazioa azpimarratu daiteke, eta bestetik, logika erritmiko, modular eta geometrikoei buruzko gogoeta egiteko nahia.

Sueskunen hainbat lanek proposatzen duten elkarrizketa, adibidez sisalaren edo zaku-oihalaren eta burdinaren edo metalaren artean ezartzen dena, belaunaldi horren kezka eta interes-sarean kokatzen da. Beraz, bere genero esperientziari lotutako ezberdintasuna, *bere* ezberdintasuna, ñabarduretan aurkituko dugu. Adibidez, pieza horietako askotan kurbak errepikatzen dira, inklinazioa eta erortzea bilatzen dutela dirudi. Malguak dira, egokitzeko gai diren piezak dira. Badirudi Adriana Cavarerok hausnartu gisa, mendebaldeko pentsamenduak gizakia edo, hobe esanda, gizona irudikatu duen modu zuzen eta bertikaletik aldentzen direla[11]. Horixe iradokitzen dit *Etzanda* (2002) (83. or.) piezak edo sisalezko beste lan batek, *Izenburu gabea* (1988) (65. or.), horman zintzilik dagoena ibai baten antzera, ezinbesteko higikortasuna onartzen duela.

Aipatzen dugun ezberdintasun hori, halaber, Sueskunen lanek gogora ekartzen duten interdependentzian ere egon daiteke. "Gorputzak ez dira bakarrik eusten" dio Judith Butler-ek gizaki neoliberal autonomoaren idealak dakarren arriskuak kritikatuz[12]. Ideia hori ikusten dut *Cafe para dos* (1996) eta *Recordando a Adriano* (1995) (76. eta 80. or.) lanetan, non gorputzek bat egiten duten elkar babestu eta indartzeko (4. Irudia). *Zaindu* (1995) eta *Zu eta ni / Tú y yo* (2015) (80. eta 104.-105. or.) piezetan ere agertzen da erreferentzia hori, esan bezala, askotan izenburuek esanahi karga esanguratsua dutelako. Txaro Fontalbak bere testuan lantzen duen "etxe" kontzeptuak ere lotura du eremu horrekin[13].

11 CAVARERO, Adriana, *Inclinaciones. Crítica a la rectitud*, Barcelona, Fragmenta editorial, 2022.

12 BUTLER, Judith, *Vida precaria. El poder del duelo y la violencia*, Barcelona, Ediciones Paidós, 2007.

13 Ver el texto que acompaña el catálogo: FONTALBA, Txaro, "Había una vez".

11 CAVARERO, Adriana, *Inclinaciones. Crítica a la rectitud*, Batzelona, Fragmenta editorial, 2022.

12 BUTLER, Judith, Vida precaria. El poder del duelo y la violencia, Bartzelona, Ediciones Paidós, 2007.

13 Katalogoan aurkitzen den testua ikusi: FONTALBA, Txaro, "Había una vez".

El interés por la interdependencia se reitera cuando la artista nos habla, por ejemplo, de que en piezas como *Zaindu* (1995) o *Hutsune* (1981) (pág. 81), donde el vacío actúa como elemento constitutivo de la obra, la forma de la materia no se concibe como un simple diseño, sino que le interesa más explorar el contacto que se establece entre el material y el vacío. No como una resistencia entre ambos elementos, sino como un acompañamiento, una protección, "un abrazo" apunta.

Intuición, que no casualidad

Cuando planteaba que el juego está presente en la metodología de trabajo de Mertxe Sueskun, no quiero referirme solo a la determinación que tiene la artista de que en el proceso de trabajo debe haber cierto grado de disfrute y diversión, sino a que el juego toma incluso una dimensión epistemológica. Considero que tiene más que ver con el interés de la artista por activar otros saberes, como ocurre por ejemplo en los juegos infantiles. Son saberes que pueden ser fugaces, inconexos y desconocidos, a menudo vinculados a la intuición o al augurio y que, en definitiva, son difíciles de ralentizar y de registrar qué nos quieren decir y qué es lo que activan.

La atracción de la artista por los objetos prefabricados y los materiales que le son cotidianos se puede decir que ha sido una constante prácticamente desde sus inicios. Son las cosas que conforman su paisaje las que permean su experimentación artística. Por ejemplo, nos cuenta que durante el tiempo que vivió en Elgoibar, la referencia al imaginario de la máquina-herramienta resultaba evidente. La inclusión del hierro y el metal en las obras de aquella época, por tanto, se relaciona en parte con ello.

Pero a partir de los años noventa, las obras de la escultora comienzan a incorporar de manera más pronunciada objetos manufacturados, como cajas, palillos de madera, algodoncitos, peines, pinceles y cerillas, entre otros. Ella dice que son objetos que le llaman, que la buscan más bien, o que tienen agencia diríamos pensando con los nuevos materialismos, como cuando Jane Bennett habla de la *materia vibrante* en su teoría acerca de la existencia de un enjambre de elementos orgánicos y no-orgánicos que se conectan y se necesitan[14].

Interdependentziaren gaia gure elkarrizketan ere agertzen da, adibidez, artistak dionean *Zaindu* (1995) edo *Hutsune* (1981) (81. or.) moduko piezetan, hutsuneak obraren elementu gisa funtzionatzen duela. Hutsuneak ez du soilik diseinua definitzen, haren eta materia fisikoaren artean ematen den harremana aztertzea interesatzen zaio. Baina ez bi elementuen arteko erresistentzia-talka gisa, baizik eta bien arteko laguntze harreman modura, "besarkada baten antzera", dio.

Intuizioa, ez kasualitatea

Mertxe Sueskunen lan metodologian jolasa presente dagoela planteatzen dudanean, ez dut soilik artistaren lan-prozesuan nolabaiteko gozamena eta dibertimendua dagoela esan nahi. Are gehiago, nabarmendu nahi dudana da artistak beste jakintza mota batzuk aktibatzeko interesa ere baduela, esaterako haur-jolasetan agertzen diren antzekoak. Jakintza mota horiek iheskorrak edo ezezaguna izan daitezke, elkarren arteko itxurazko konexiorik ez dutela dirudi batzuetan. Askotan intuizioarekin edo iragarpenaren logikarekin lotzen dira eta zailak dira ulertzen eta erregistratzen zer esan nahi diguten eta zer aktibatzen duten.

Bestalde, esan daiteke artistak objektu manufakturatutako eta eguneroko materialekiko izan duen erakarpena konstante bat izan dela. Bere paisaia osatzen duten gauzak dira bere irudikapen artistikoan eragiten dutenak. Adibidez, Elgoibarren bizi zen garaian, makina-tresnaren erreferentzia agerikoa dela kontatzen digu. Beraz, garai hartako lanetan burdina eta metala agertzea horrekin lotzen da neurri batean.

Baina laurogeita hamarreko hamarkadatik aurrera, eskultorearen lanetan objektu manufakturatuen presentzia are nabarmenagoa hasi zen izaten; besteak beste, kutxak, zurezko zotzak, kotoitxoak, orraziak, pintzelak edota pospoloak aurkitzen ditugu. Mertxek dio deitzen dioten objektuak direla, hobe esan bera bilatzen dutela, edo agentzia dutela esan genezake materialismo berrien joera kontuan hartzen badugu, besteak beste Jane Bennett-en lana gogorarazten badugu. Egile horrek *materia dardartiaz* hitz egiten du azpimarratzeko elementu organiko eta ez-organikoak sare konplexu bat osatzen dugula, elkar eragin eta behar garen heinean[14]. Egun batean dentistak

14   BENNETT, Jane, *Materia vibrante. Una ecología política de las cosas*, Buenos Aires, Caja Negra Editora, 2022.

14   BENNETT, Jane, *Materia vibrante. Una ecología política de las cosas*, Buenos Aires, Caja Negra Editora, 2022.

Son los algodoncitos que le dio un día el dentista y que le gustaron, o los peines que un día vio en un escaparate y necesitó comprarlos. En pocas palabras, son objetos que encuentra siguiendo su intuición y con los que juega, trascendiendo su sentido social y por tanto el lógico y racional. Así, desfigurando lo lingüístico y lo discursivo, Sueskun transforma los objetos conocidos en otras cosas, justamente para enfatizar ese sentido y ese saber que señalábamos antes: lo sugerente.

Algo se mueve dentro (2006), *Olatuak* (2022) o *¿Juego de damas?* (1996) (págs. 88, 96-97 y 101) son tres obras que ejemplifican a la perfección este aspecto del trabajo de la escultora. Por un lado, son piezas que evocan aquella herencia e interés generacional mencionado por lo geométrico y la exploración del orden y lo modular. No obstante, son piezas que rebasan esa centralidad ligada a lo formal y el ensimismamiento del propio lenguaje plástico, abriéndose a nuevas capas de significado. En *Olatuak*, la alusión a la ondulación de las mareas es evidente, reforzada además por el color azul de la caja de la madera. Es de esta forma, en este caso al anteponer la ironía, como considero que Sueskun desafía la lectura previsible, además de desobedecer una de las lógicas que forjaron y otorgaron una coherencia argumentativa a la historia del arte occidental del siglo XX: la idea de que la figuración y la abstracción no podían coexistir y enriquecerse mutuamente.

Una de las piezas que más me atrae es *¿Juego de damas?* (1996). Pienso que es una obra que recoge y recapitula muchos de los puntos mencionados hasta ahora. Un pequeño tablero para el juego de damas, colocado en la pared y compuesto no por las piezas esperadas, sino por bobinas de hilos de distintos colores que se organizan creando un orden perpendicular. No son las piezas genéricas las que toman el tablero, sino bobinas de colores; es decir, objetos cotidianos, pero a su vez vinculados a ciertas manos, a ciertas generaciones y ciertas historias y significados. Una vez más, se trata de objetos conocidos que se trasforman para explorar nuevos sentidos a través del juego. Así, no solo es Sueskun quien juega en el proceso, o las bobinas entre ellas, sino que es la misma pieza quien interrogándonos parece jugar con nosotras.

eman zizkion eta gustatu zitzaizkion kotoitxoak dira, edo beste egun batean erakusleiho batean ikusi eta erosi behar izan zituen orraziak. Hitz gutxitan esanda, bere intuizioari jarraituz aurkitzen dituen objektuak dira, eta haiekin jolasten da, bere zentzu soziala eta, beraz, logikoa eta arrazionala gaindituz. Horrela, maila linguistikoa eta diskurtsiboa desitxuratuz, Sueskunek ezagunak zaizkigun objektuak beste zeozertan eraldatzen ditu, hain zuzen ere, lehen aipatu dugun zentzu eta jakintza hori nabarmentzeko: iradokitzeko desira.

Algo se mueve dentro (2006), *Olatuak* (2022) edo *¿Juego de damas?* (1996) (88., 96.-97. eta 101. or.) artistaren lanaren alderdi horren adibide onak dira. Alde batetik, aurretik aipatu dugun ezaugarri formala gogorarazten dute, zera, ikasitako joera geometrikoa, eta ordenaren eta moduluaren azterketa nahia. Hala baina, izaera formala eta hizkuntza plastikoaren zentraltasuna gainditzen duten piezak dira, esanahi-geruza berrietara irekitzen direnak. *Olatuak* (2022) piezan, adibidez, itsaso-mareen irudikapena agerikoa da, egurrezko kaxaren kolore urdinak lotura hori indartzen duela. Baina, esango nuke kasu honetan ironia lehenesten denez, Sueskunek aurreikus zitekeen irakurketari desafio egiten diola. Bestalde, piezak XX. mendeko artearen historian koherentzia bermatzeko erabili izan den logiketako bat ezeztatzen du: figurazioa eta abstrakzioa ezin zirela batera bizi eta elkar aberastu.

Gehien erakartzen nauen piezetako bat *¿Juego de damas?* (1996) da. Besteak beste, orain arte azpimarratu ditudan ideia asko bildu eta laburbiltzen dituelako. Dama-jokorako taula txiki bat da, horman eskegia eta espero ez ditugun piezek osatzen dute bere espazioa: koloreko hari-bobinaz osatzen da, modu perpendikularrean antolatuak. Alegia, eguneroko objektuak dira, baina aldi berean, esku, belaunaldi, historia eta esanahi jakin batzuekin lotzen ditugunak. Beste behin ere, objektu ezagunak dira, baina jolasaren bidez aldatu egin dira, zentzu berriak bilatuz. Modu horretan, ez da bakarrik Mertxe Sueskun sortze-prozesuan jolasten duena. Ezta ere bobinak beraien artean. Badirudi pieza bera dela gurekin jolasten ari dena.

Ondorio sinple batekin amaitzen dut. Sueskunen piezek ikasi dugun bestelako posizio batean kokatzera bultzatzen gaituztela uste dudala; besteak beste, artearen historiaren liburu gehienak idatzi diren bestelako parada batean. Ohiko postura horrek ezustekoa gorroto

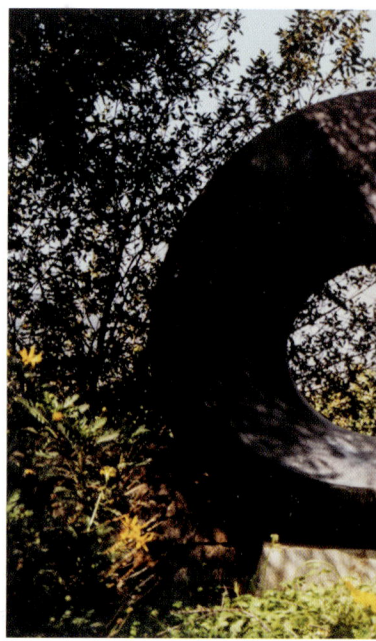

Hutzune, 2004

Fundición en bronce.
Ubicada en una finca particular en Soller, Mallorca.

Brontzezko galdaketa.
Sollerko (Mallorca) finka partikular batean kokatua.

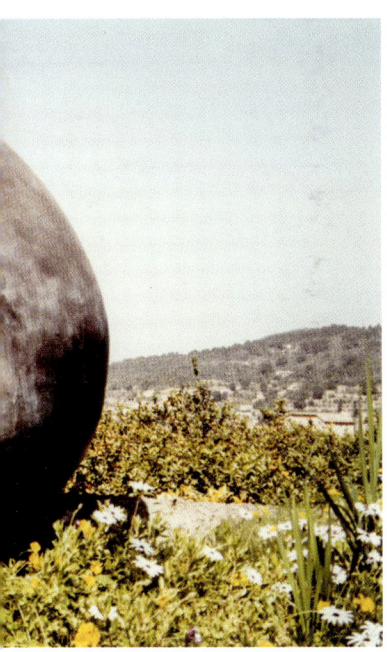

Acabo con la simple conclusión de que las piezas de Sueskun nos animan a situarnos en una posición distinta a la aprendida, aquella desde donde se han escrito la mayoría de los libros de historias del arte, por ejemplo. Aquella postura que aborrece las sorpresas, se anticipa a las alteraciones y busca —de manera *paranoica* diría Eve Kosofsky Sedgwick— explicaciones que le suenen coherentes y concluyentes [15]. En cambio, diría que las obras de Sueskun nos instan a activar otras vías de conocimiento, aquellas que le son propias al saber poético y artístico, en definitiva. Son saberes que se expresan en términos distintos, en otras lenguas, y sobre todo que nos exigen cierta relajación de la racionalidad para entrar a conversar con ellos. Me viene otra vez a la mente la historia de aquella mujer que elogió el trabajo de Sueskun describiendo su encuentro con su trabajo como una experiencia de "calma y serenidad", y la satisfacción de la artista al recordarlo. Y pienso que tal vez deba ser desde ese estado, transitándolo, entregándonos a él, desde donde podamos volver a contar esta historia.

du, alterazioetara aurreratzen da eta —Eve Kosofsky Sedgwick-ek esango lukeen moduan, *paranoikoki*— koherenteak eta bukatuak diruditen azalpenak bilatzera eramaten gaitu[15]. Sueskunen lanek, ordea, beste ezagutza-bide batzuk aktibatzera bultzatzen gaituztela esango nuke. Bestelako jakintza horiek modu desberdinetan adierazten dira, bestelako hizkuntza batzuetan, poetiko eta artistikoari dagozkionak, azken batean. Eta, batez ere, haiekin elkarrizketa batean sartu ahal izateko ezinbestekoa da gure arrazionaltasuna apur bat askatzea. Beste behin, Sueskunen lana goraipatu zuen emakume haren istorioa datorkit burura, bere lanarekin izandako topaketa "lasaitasun eta bake" hitzez deskribatu zuena, eta artistaren poztasuna istorioa gogoratzean. Eta orduan, pentsatzen dut, baliteke egoera lasai hartatik hasi beharko ginatekeela, beharko ginatekeela nolabait istorio hau berriro irakurtzen.

15 Eve Kosofsky Sedgwick llama lectura paranoica al enfoque normalizado en el conocimiento académico el cual busca desvelar, desde una posición de sospecha, una supuesta verdad oculta. Utiliza la metáfora de la paranoia para enfatizar que es una visión parcial; se centra únicamente en aquellos factores o sospechas que parecen amenazar aquella verdad última, mientras ignora un amplio espectro de saberes y perspectivas. KOSOFSKY SEDGWICK, Eve, *Tocar la fibra. Afecto, pedagogía, performatividad,* Madrid, Editorial Alpuerto, 2018, pp. 129-157.

15 Eve Kosofsky Sedgwick-ek irakurketa paranoikoa deitzen dio ezagutza akademikoan barneratuta dagoen ikuspegiari. Begirada horrek susmo posizioa barneratzera behartzen duela dio, ezkutuzko egia bat aurkitu nahiko balu bezala. Paranoiaren metafora erabiltzen du ikuspegi partziala dela azpimarratzeko. Hau da, ustezko egia hori mehatxatzen duten faktoreetan bakarrik zentratzen da, bestelako jakintza eta zeharkako begiradak alde batera utziz. KOSOFSKY SEDGWICK, Eve, *Tocar la fibra. Afecto, pedagogía, performatividad*, Madril, Editorial Alpuerto, 2018, 129.-157. or.

Obras | Obrak

Todas las obras pertenecen
a la artista, excepto en los tres
casos que se indica
otra propiedad.

Obra guztiak artistarenak dira, hiru
izan ezik; horietan beste egile bat
aipatzen da.

Sin título —1988

Madera, escayola y sisal
Zura, igeltsua eta sisala
138 x 40 x 40 cm

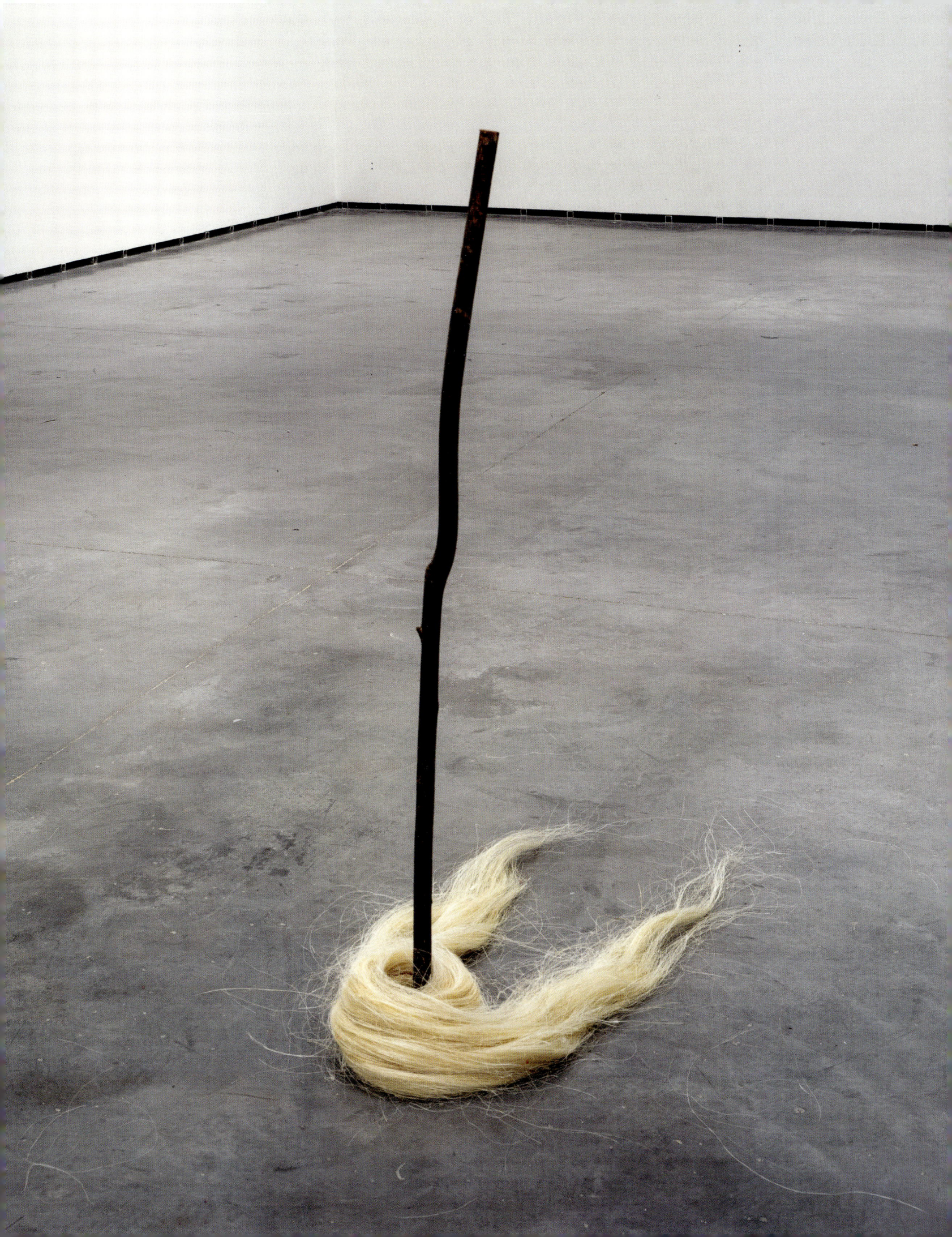

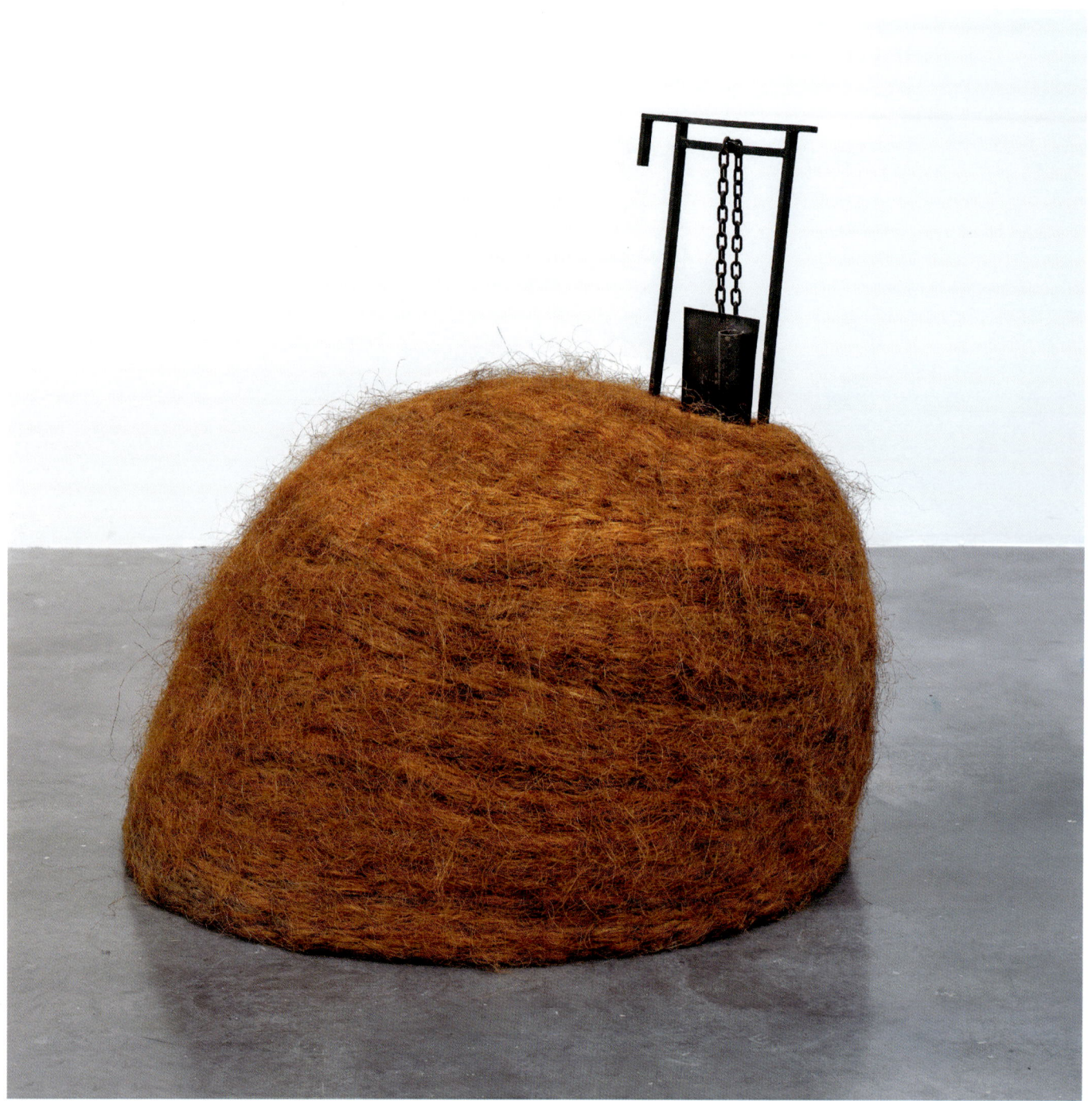

Laspegi —1989

Hierro y sisal
Burdina eta sisala
120 Ø x 122 cm

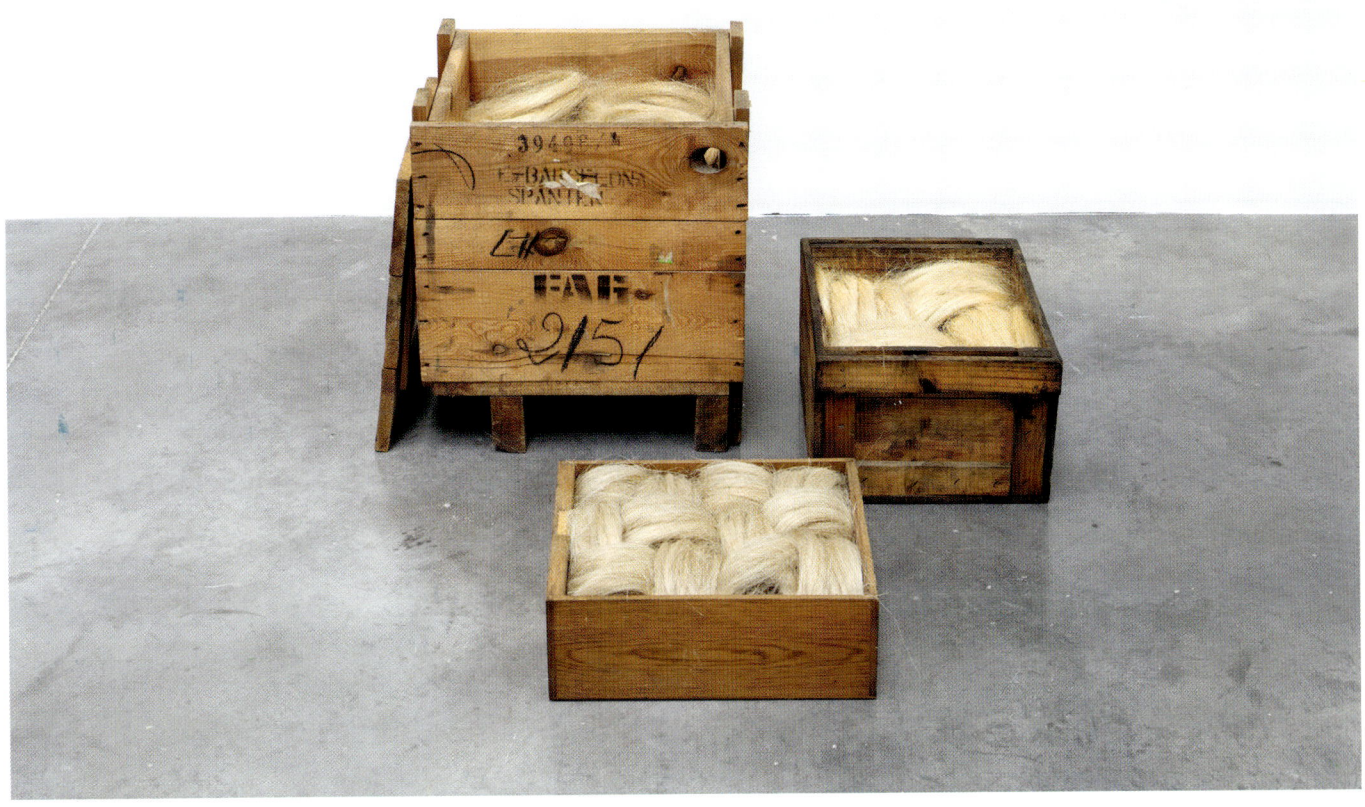

Recordando a 3 (1) —1996

Madera y sisal
Zura eta sisala
44 x 48 x 44 cm

Elkartasuna —1996

Madera y sisal
Zura eta sisala
23 x 42 x 35 cm

Itxura. Apariencia —1996

Madera y sisal
Zura eta sisala
16 x 42 x 33 cm

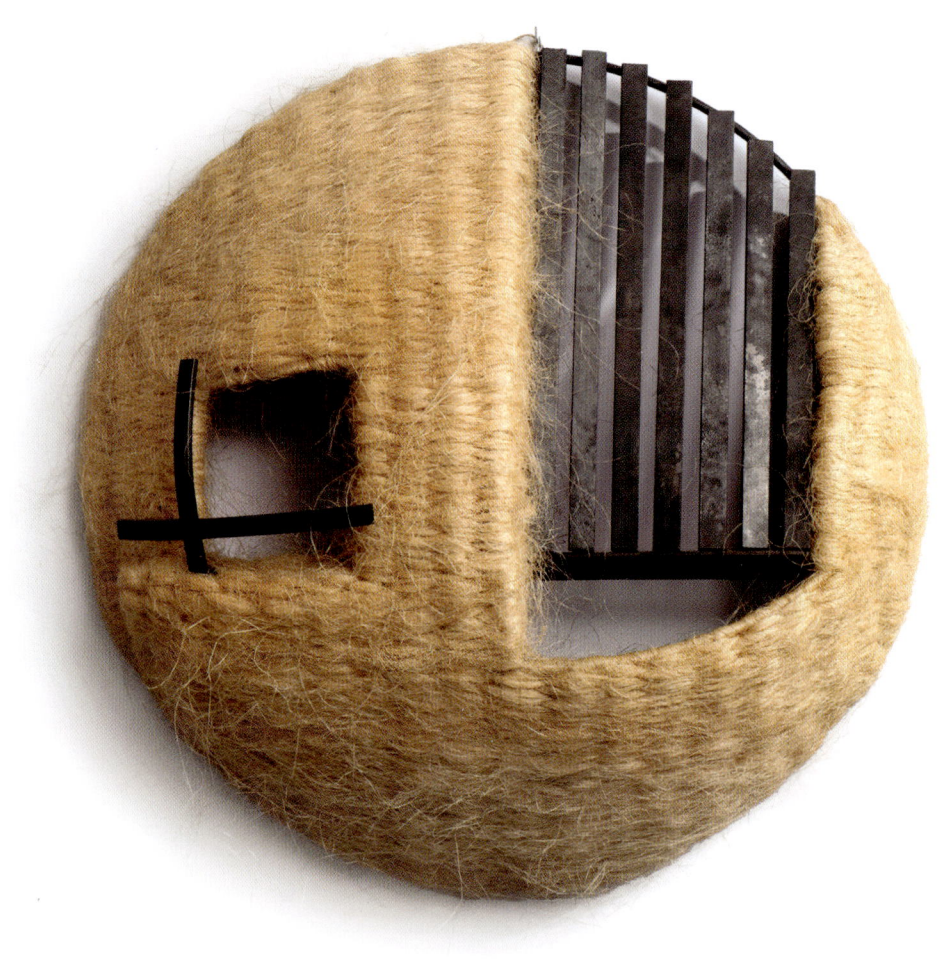

Ganbara —1995

Hierro y sisal
Burdina eta sisala
85 Ø x 25 cm

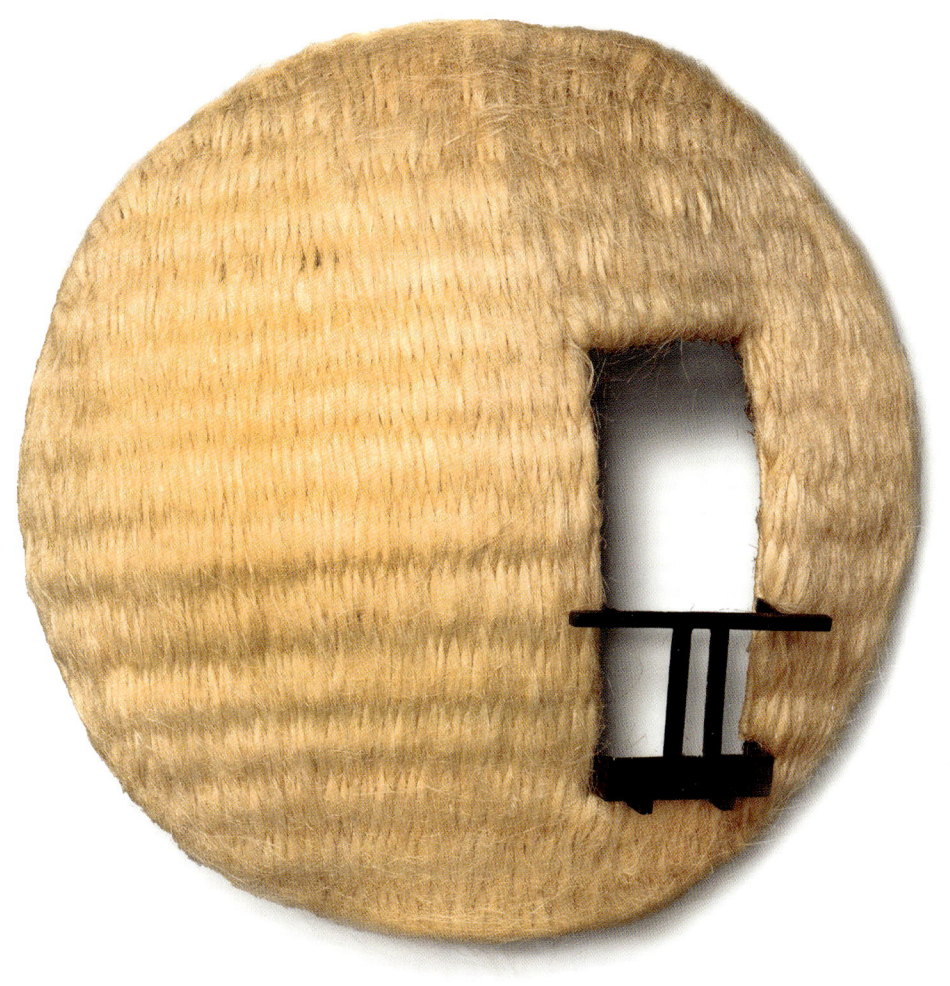

Sin título —1993

Hierro y sisal
Burdina eta sisala
105 Ø x 15 cm

Museo de Navarra | Nafarroako Museoa

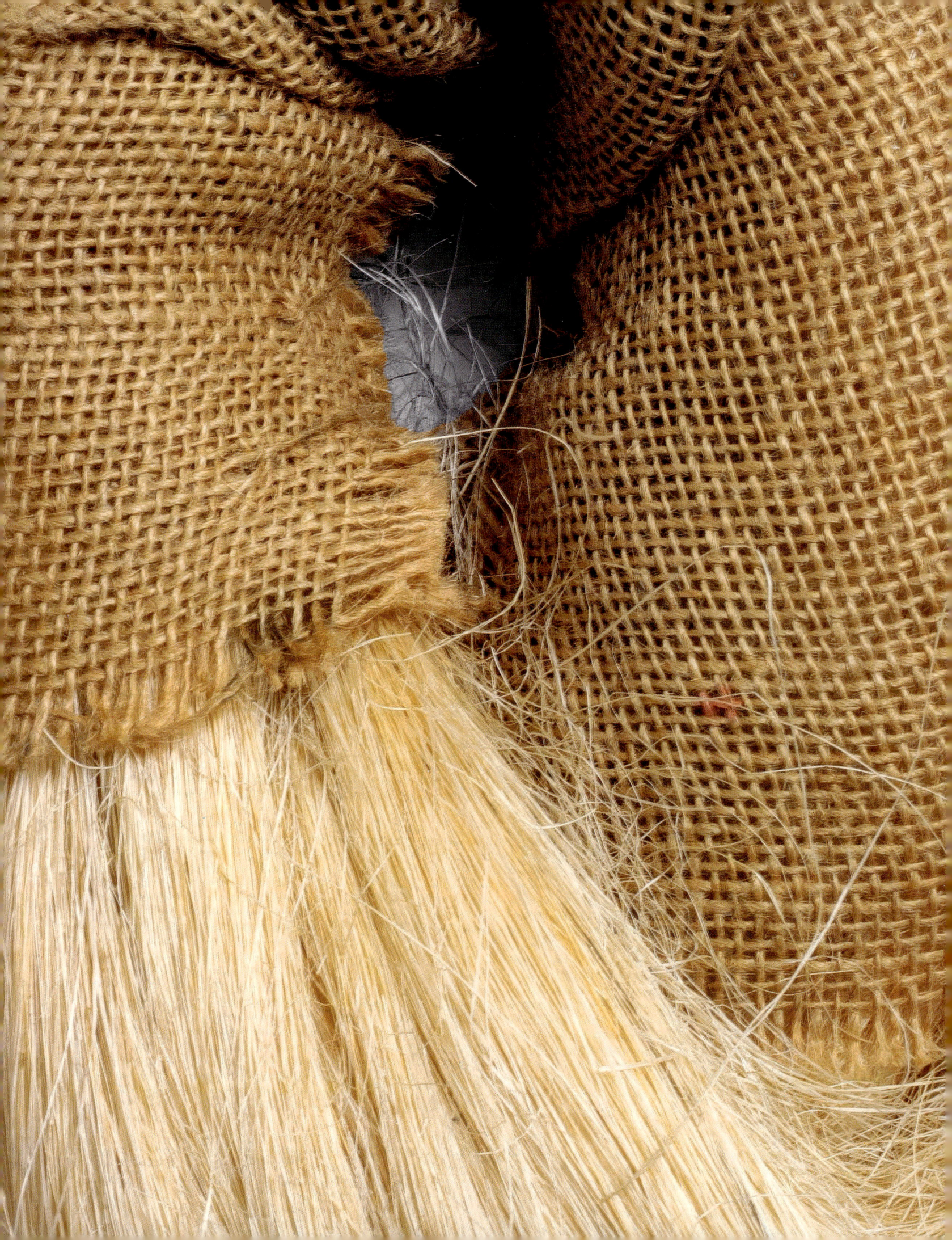

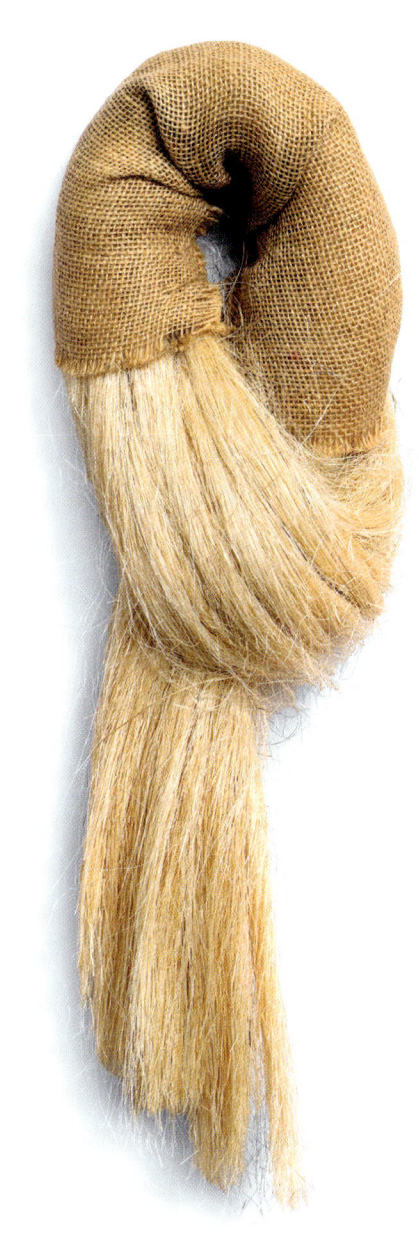

Sin título —1996

Tela de saco y sisal
Zaku oihala eta sisala
60 x 18 x 10 cm

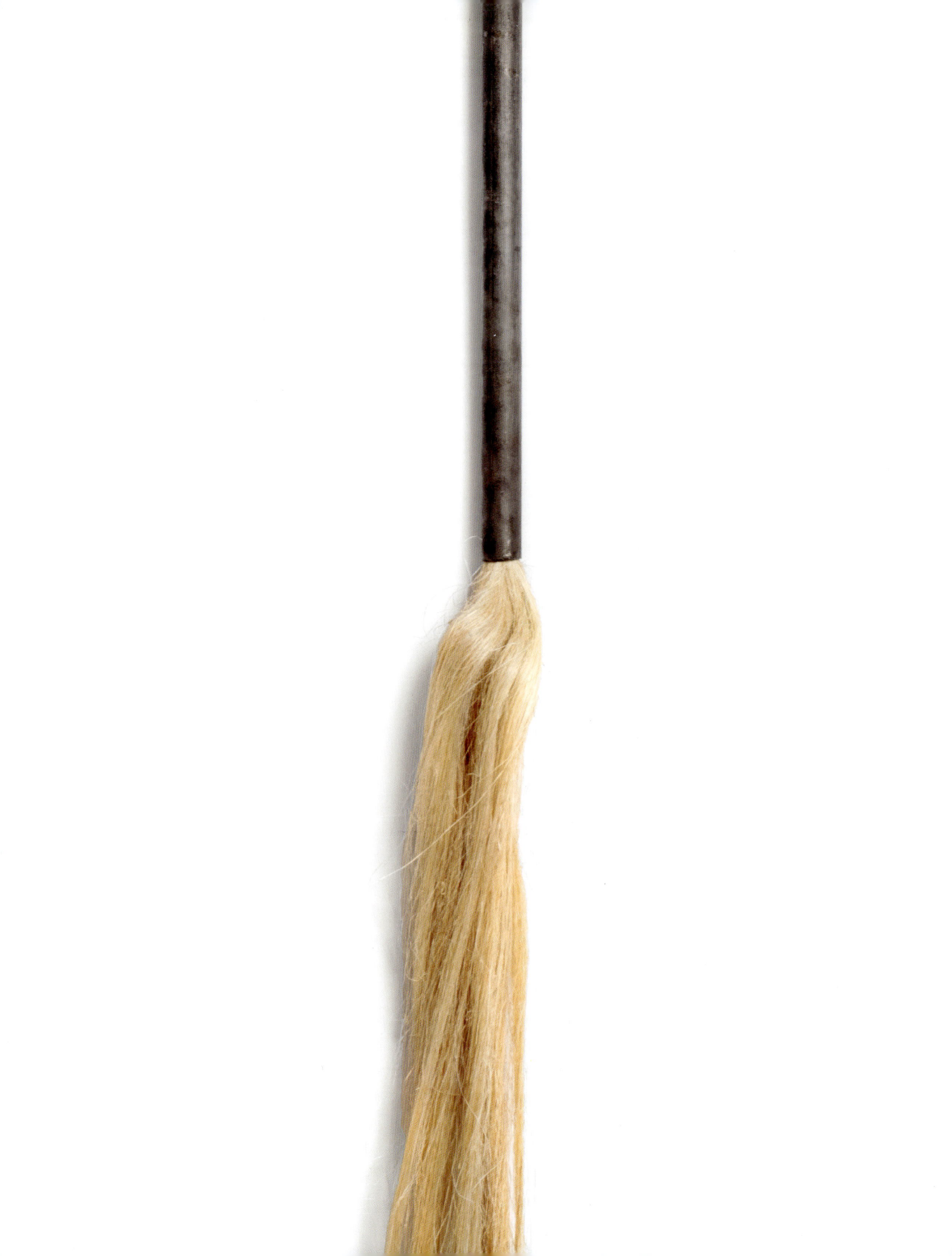

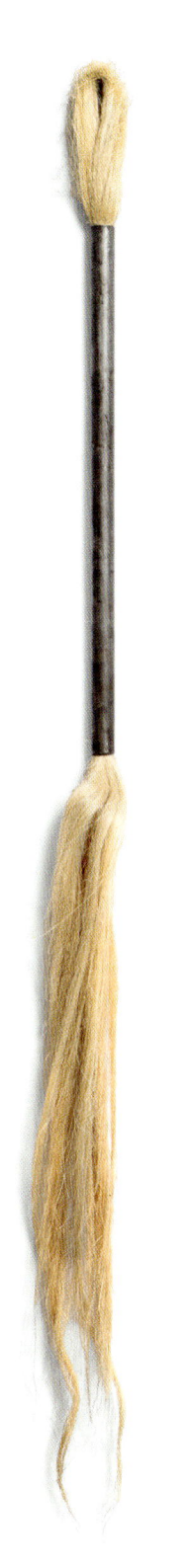

Sin título —1996

Tubo metálico y sisal
Hodi metalikoa eta sisala
170 x 9 x 8 cm

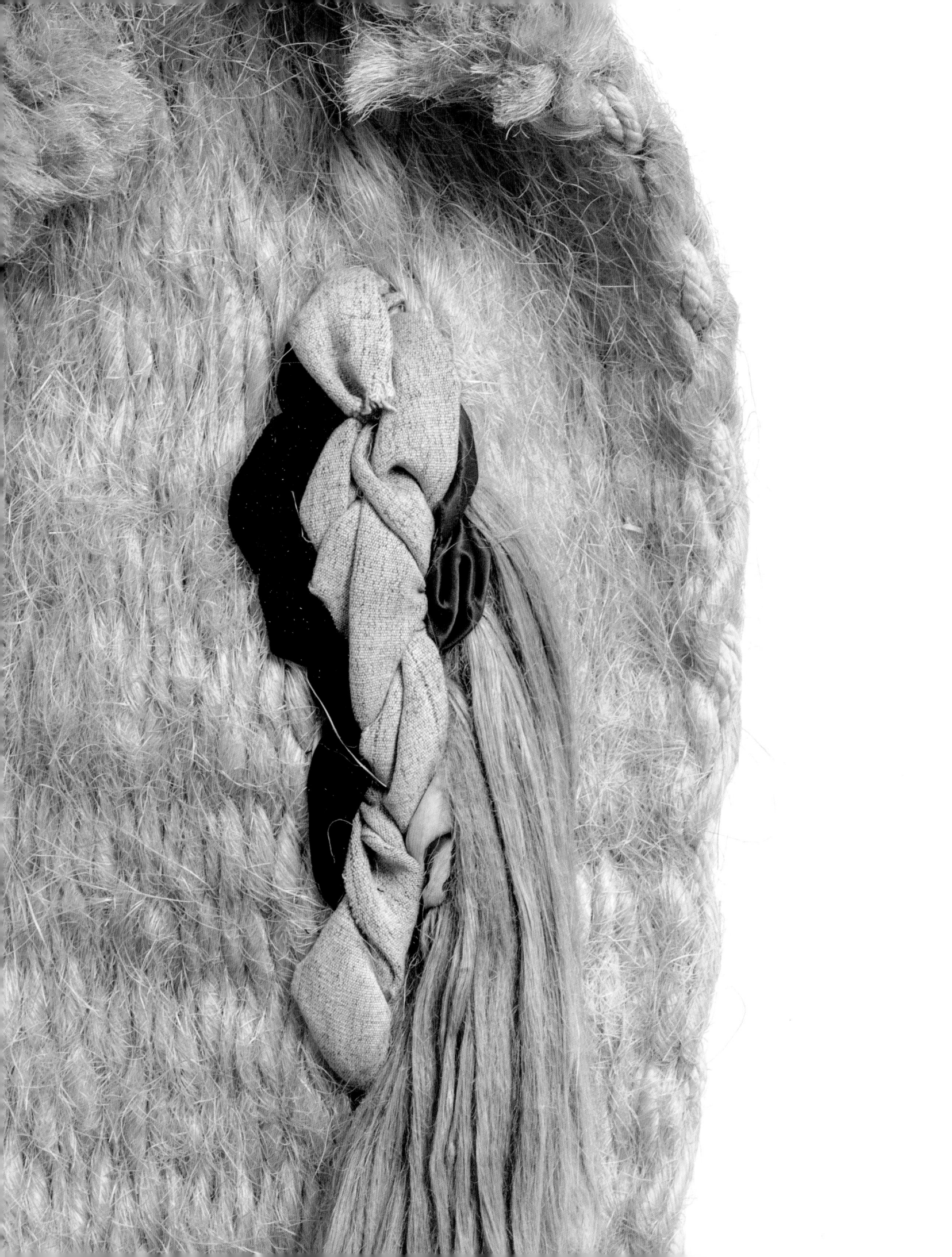

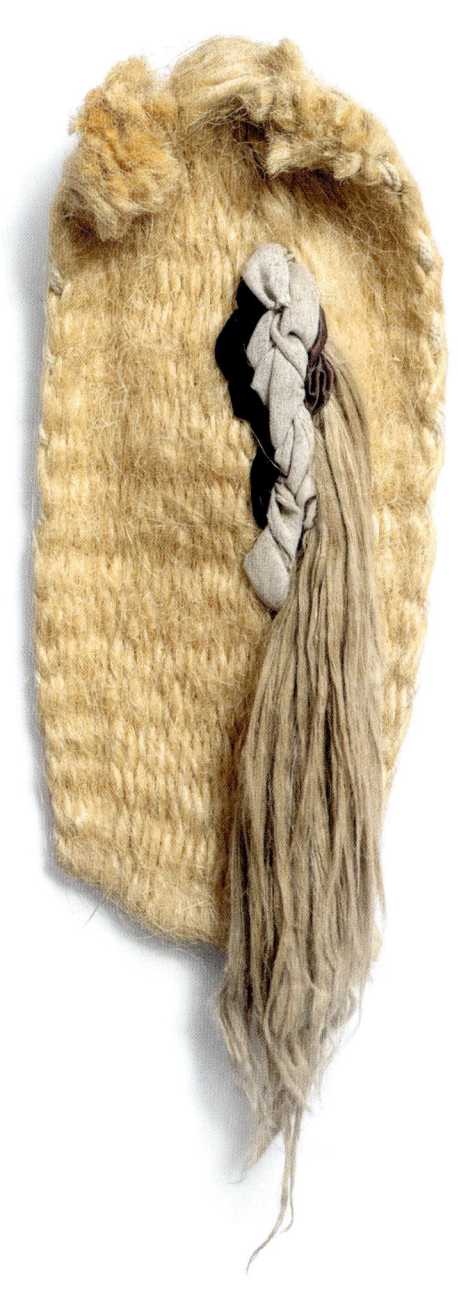

Sin título —1996

Tela, estopa y sisal
Oihala, iztupa eta sisala
100 x 38 x 11 cm

Sin título —1988

Metal y sisal
Metala eta sisala
110 x 100 x 29 cm

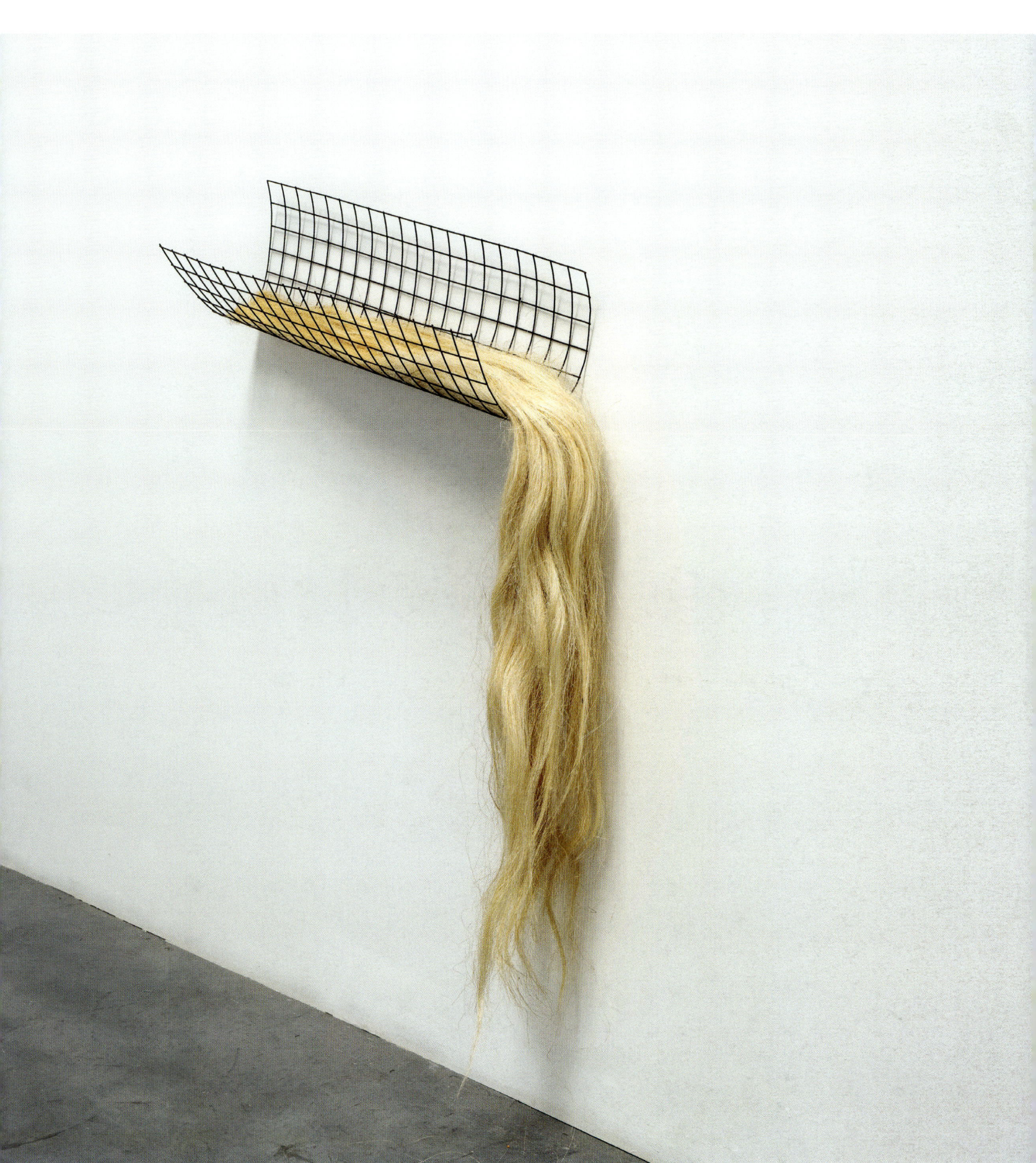

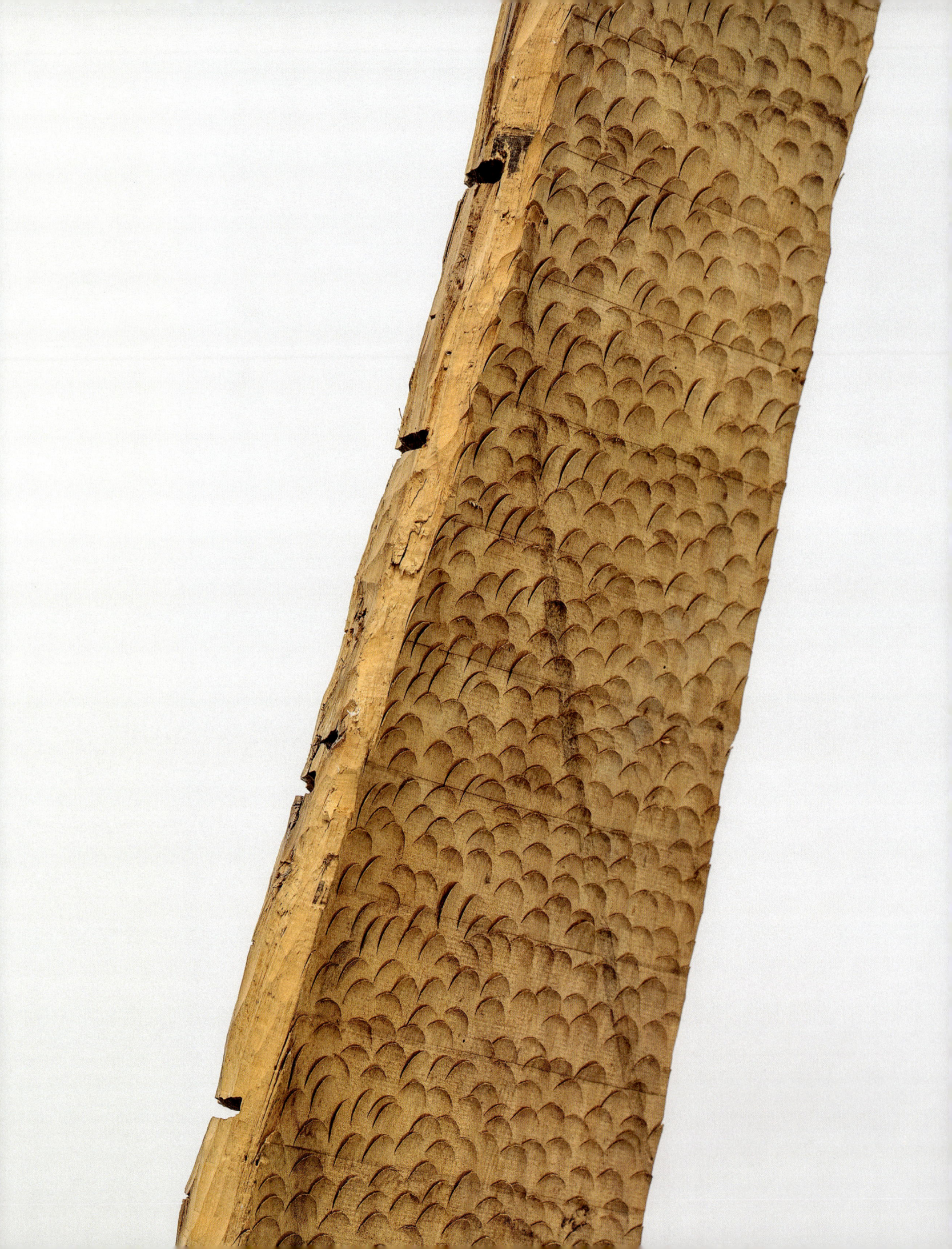

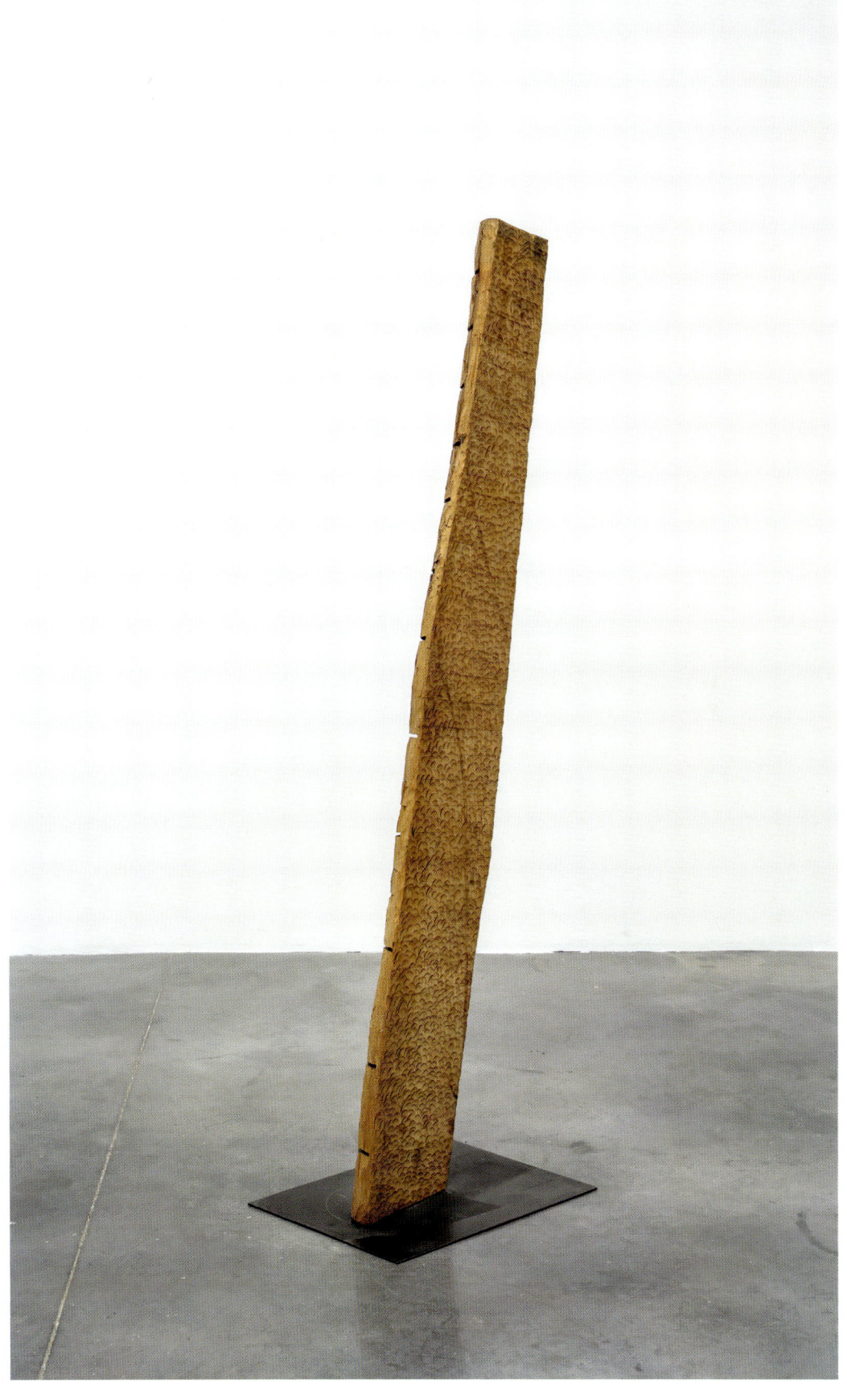

Retornando —1993

Hierro y madera
Burdina eta zura
200 x 61 x 45 cm

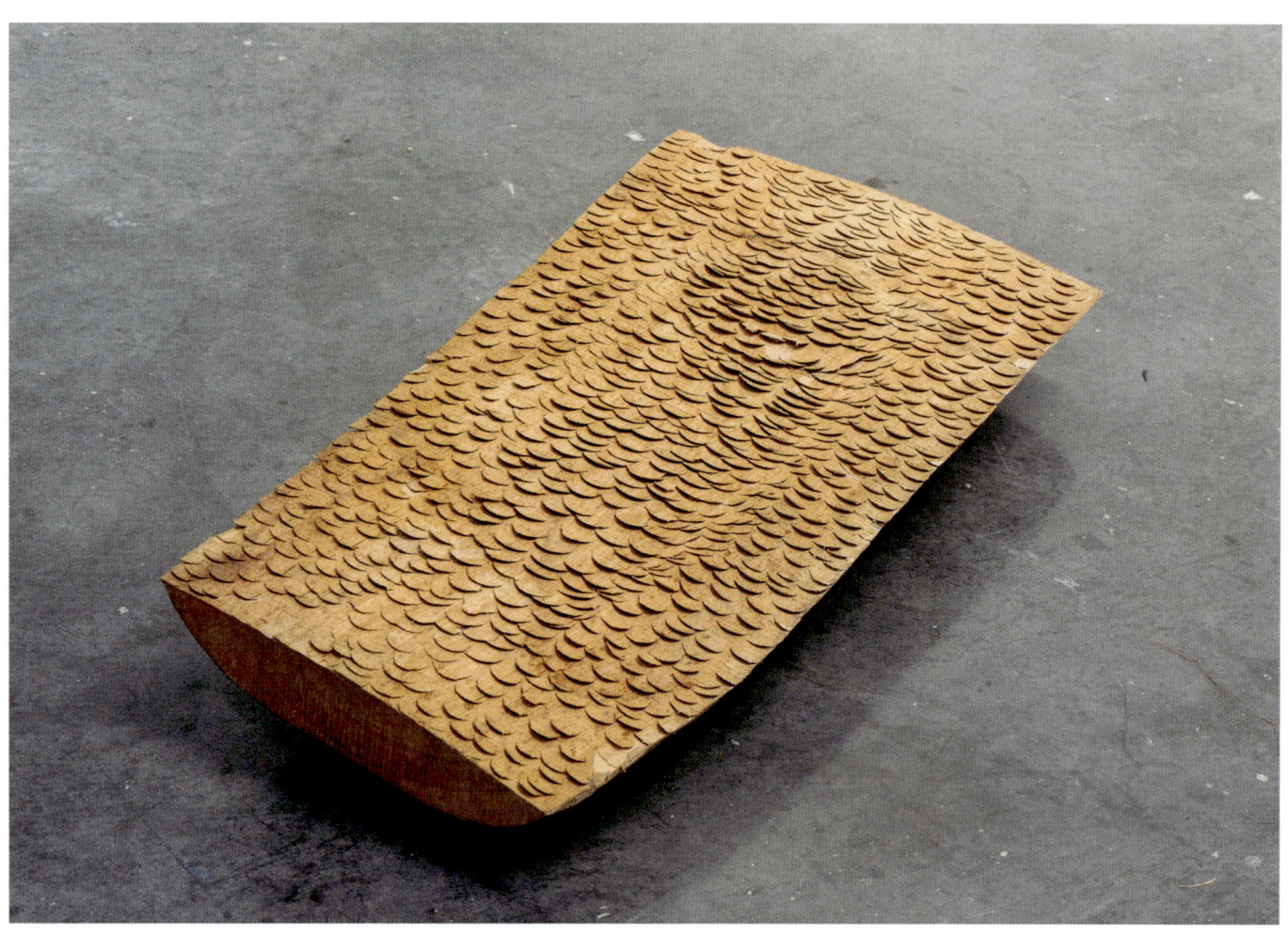

Beti eskamak kentzen —1992

Madera
Zura
6 x 72 x 35 cm

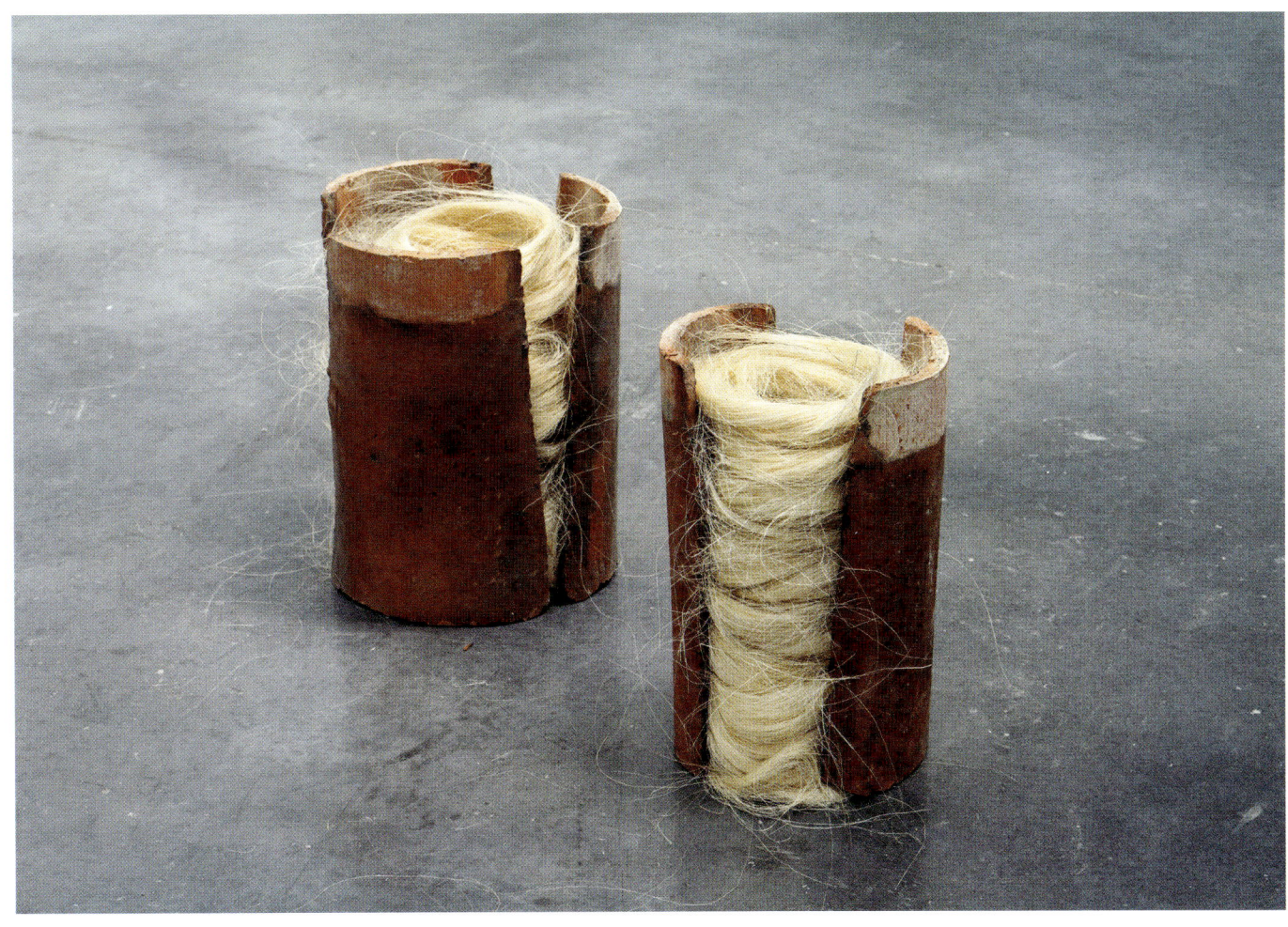

Recordando a 3 (2) —1988

Tejas y sisal
Teilak eta sisala
45 x 30 Ø cm cada pieza
pieza bakoitzeko

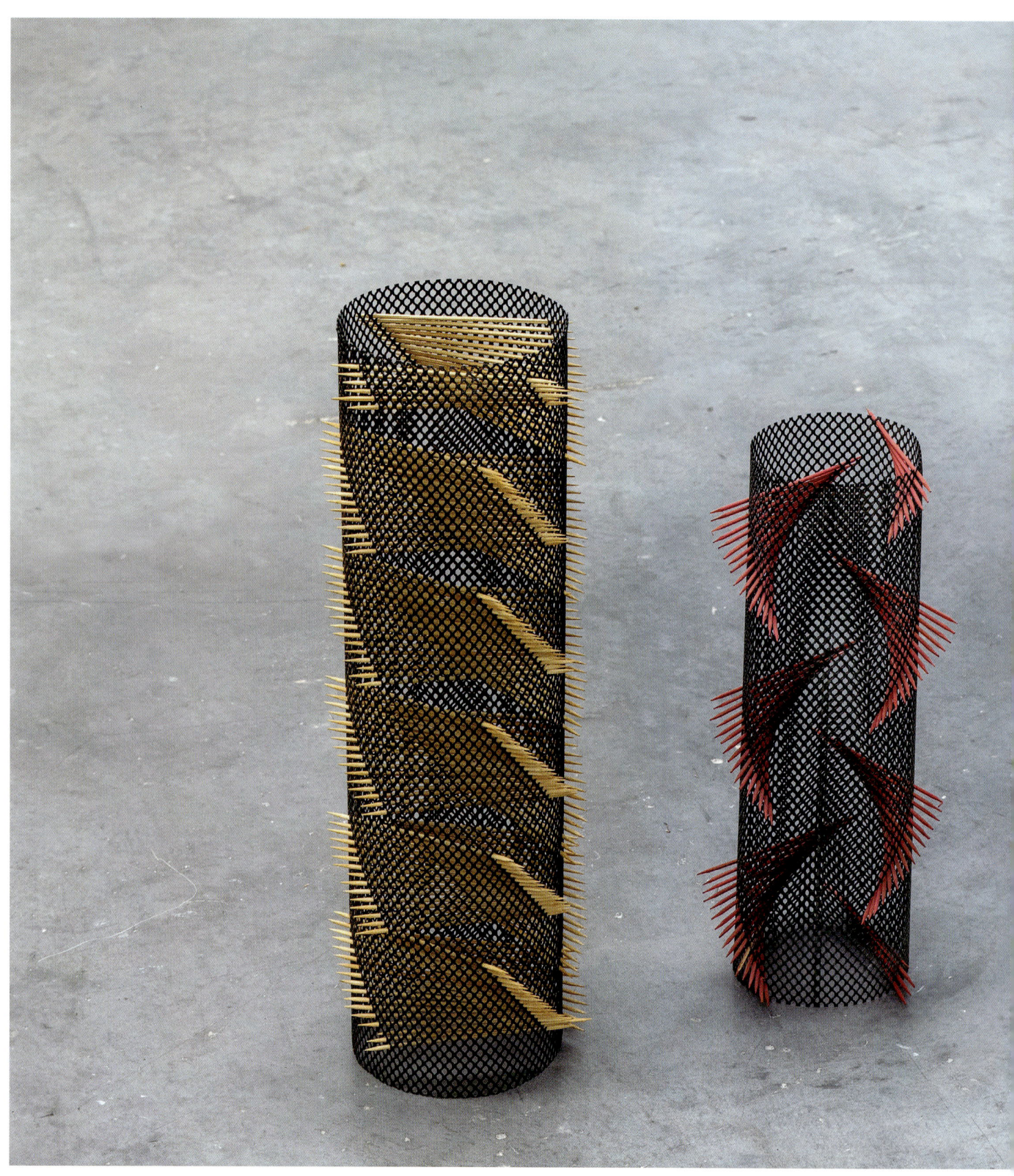

Aleteando —1996

Hierro y palillos de madera
Burdina eta zurezko zotzak
49 x 17 Ø cm

Sin título —1996

Hierro y palillos de madera
Burdina eta zurezko zotzak
37 x 16 Ø cm

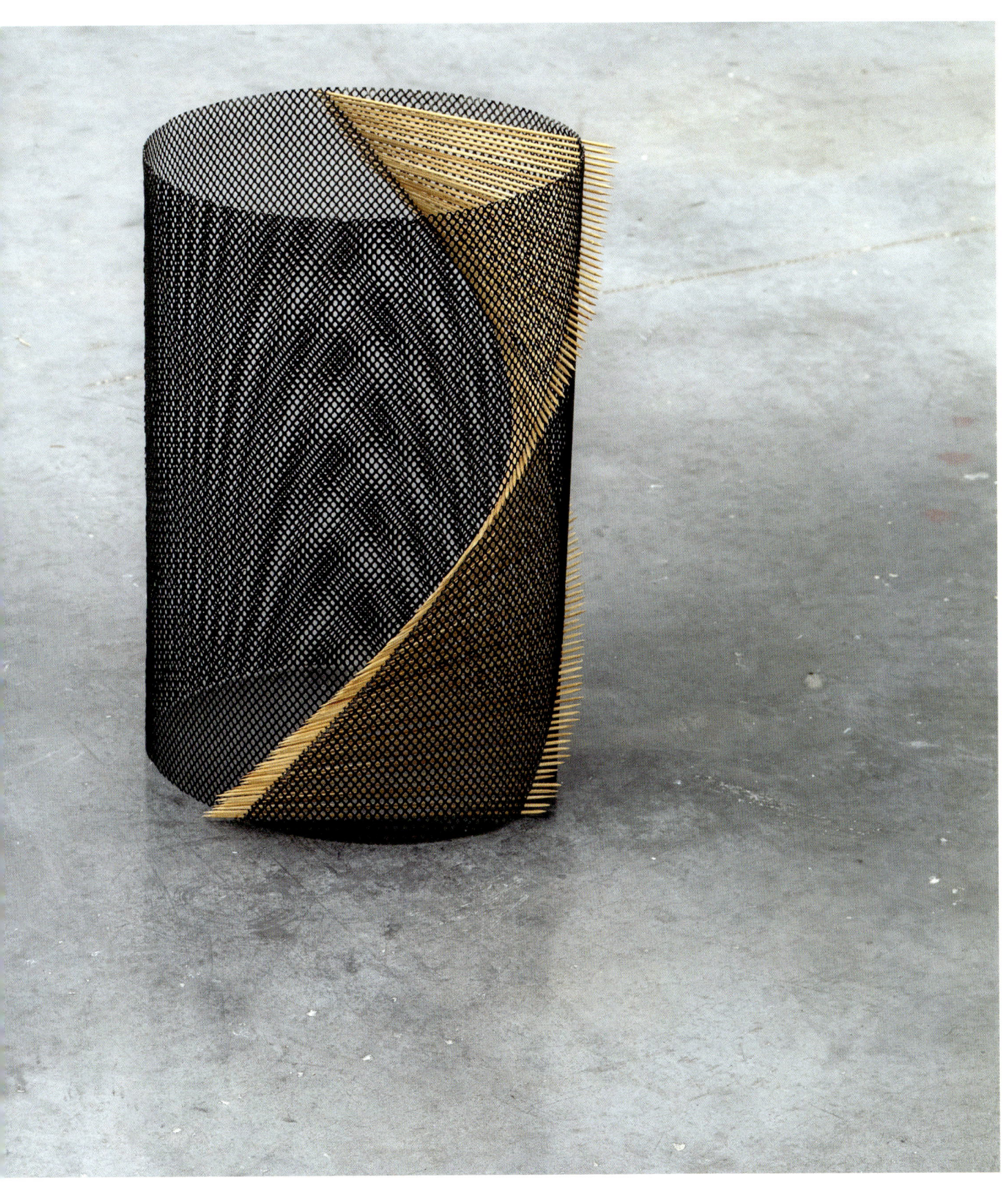

Arantzak —1996

Hierro y palillos de madera
Burdina eta zurezko zotzak
47 x 32 Ø cm

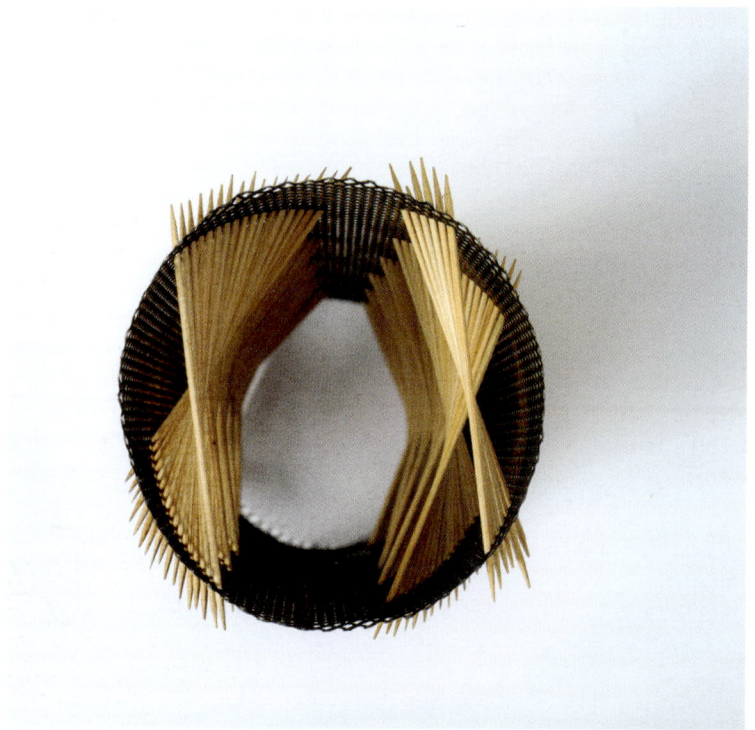

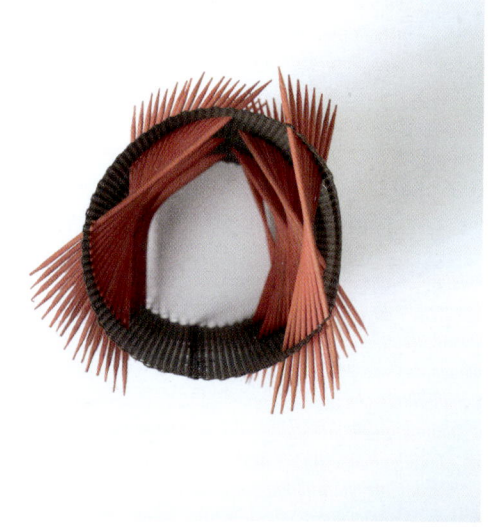

Detalle cenital pág. 70
Zenitalaren xehetasuna or. 70

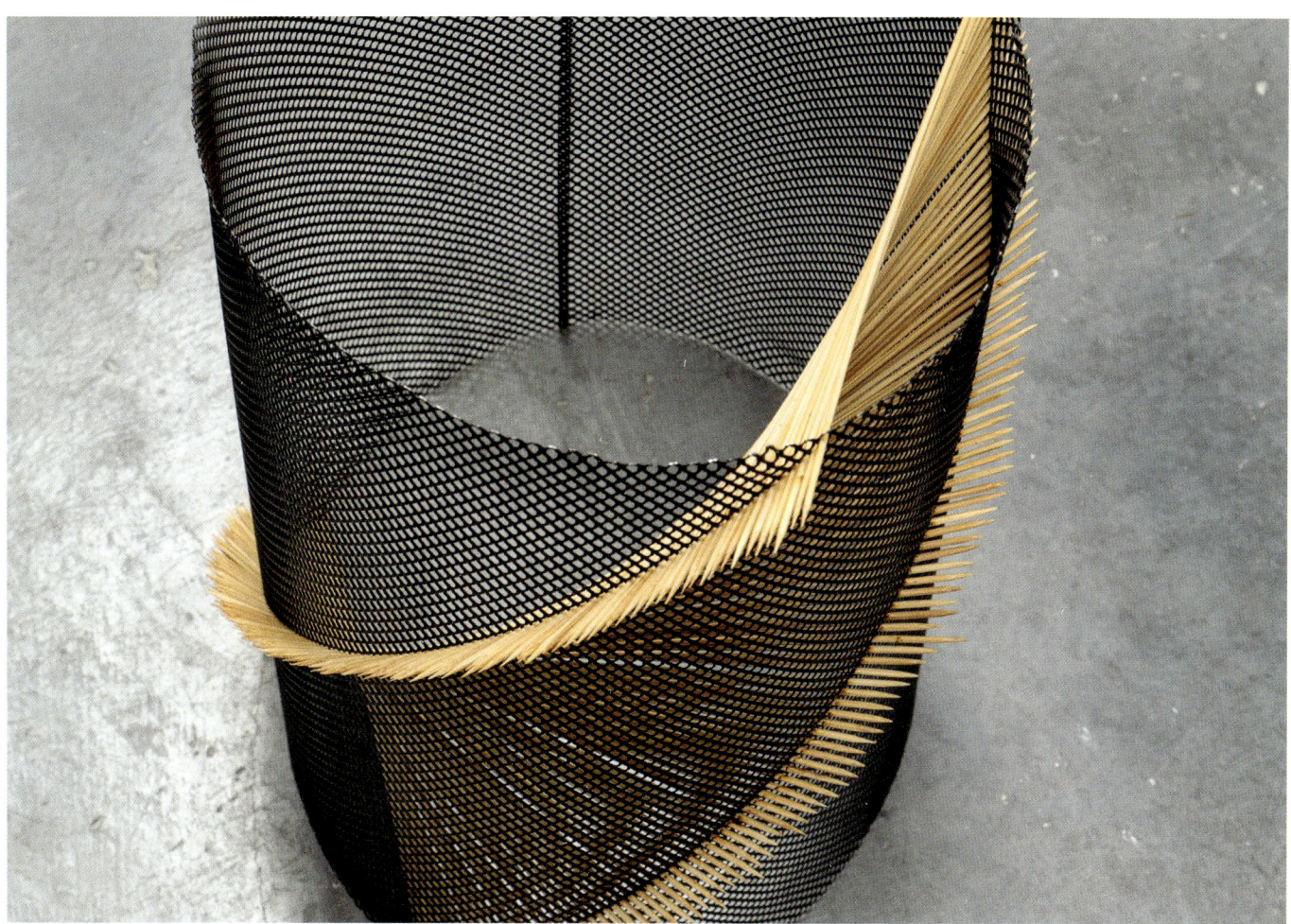

Detalle cenital pág. 71
Zenitalaren xehetasuna or. 71

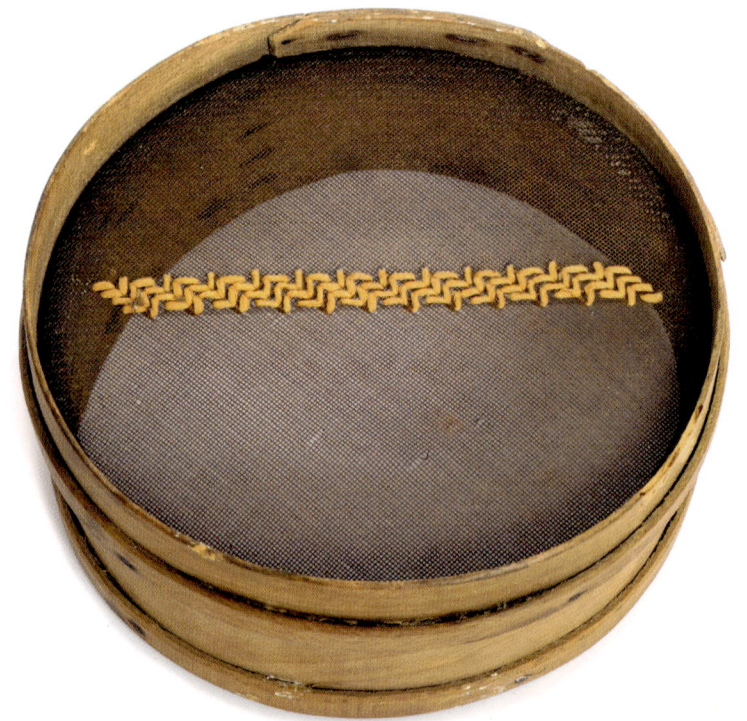

Sin título —1995

Madera, hierro y algodón
Zura, burdina eta kotoia
9 x 22 Ø cm

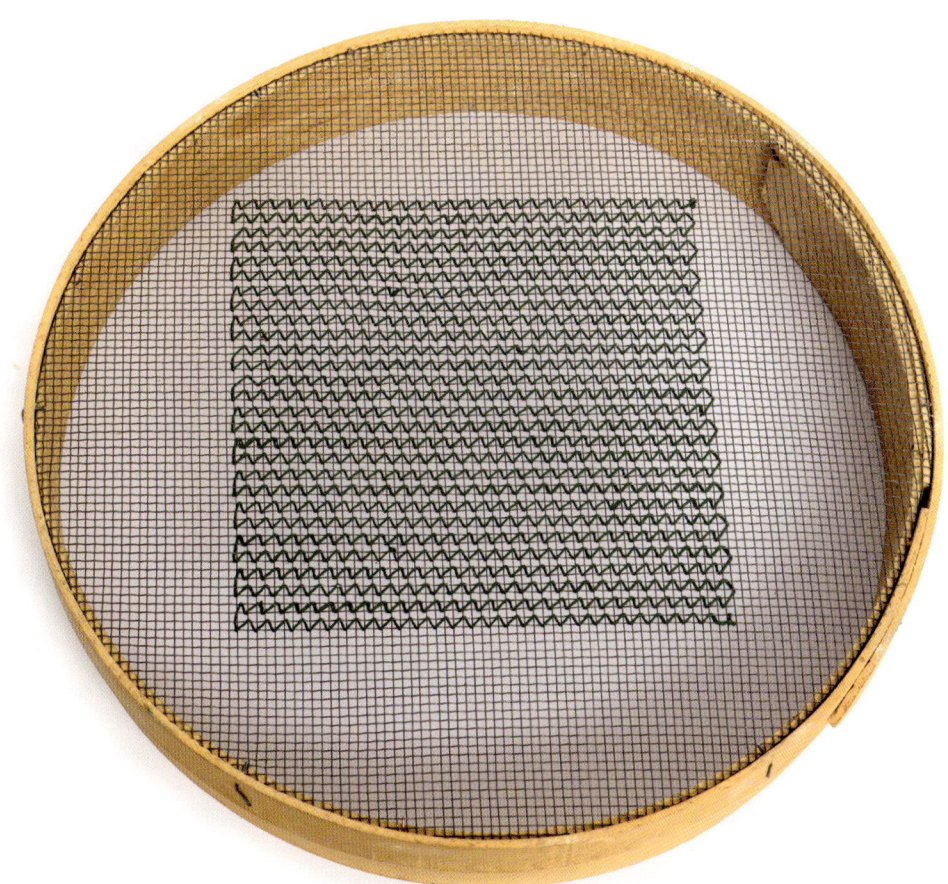

Sin título —1995

Madera, hierro y algodón
Zura, burdina eta kotoia
8 x 50 Ø cm

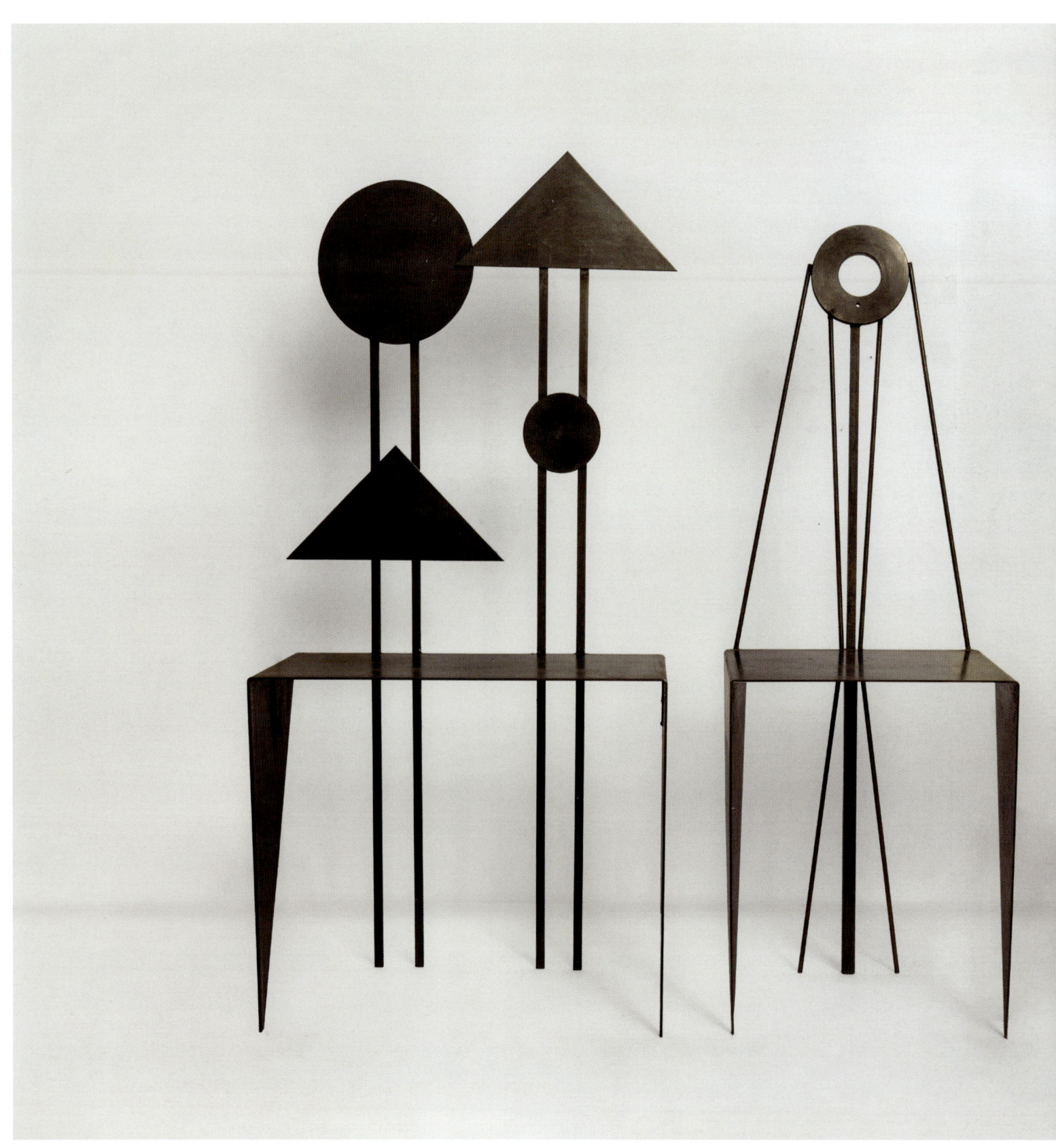

Café para dos —1996

Hierro
Burdina
130 x 60 x 30 cm

Sin título —1996

Hierro
Burdina
118 x 40 x 31 cm

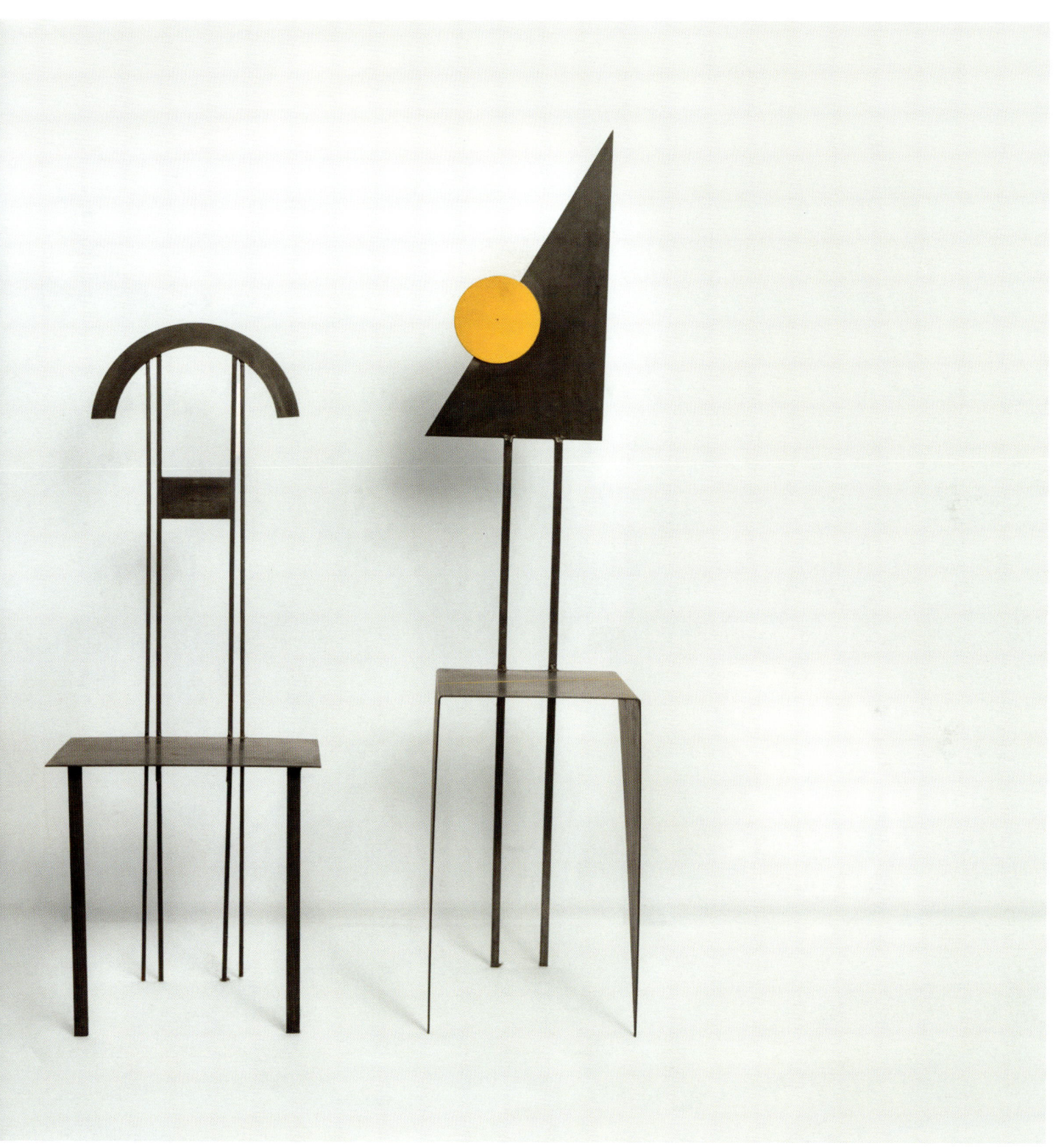

Sin título —1996

Hierro
Burdina
109 x 40 x 32 cm

Sin título —1996

Hierro y pintura
Burdina eta pintura
137 x 31 x 33 cm

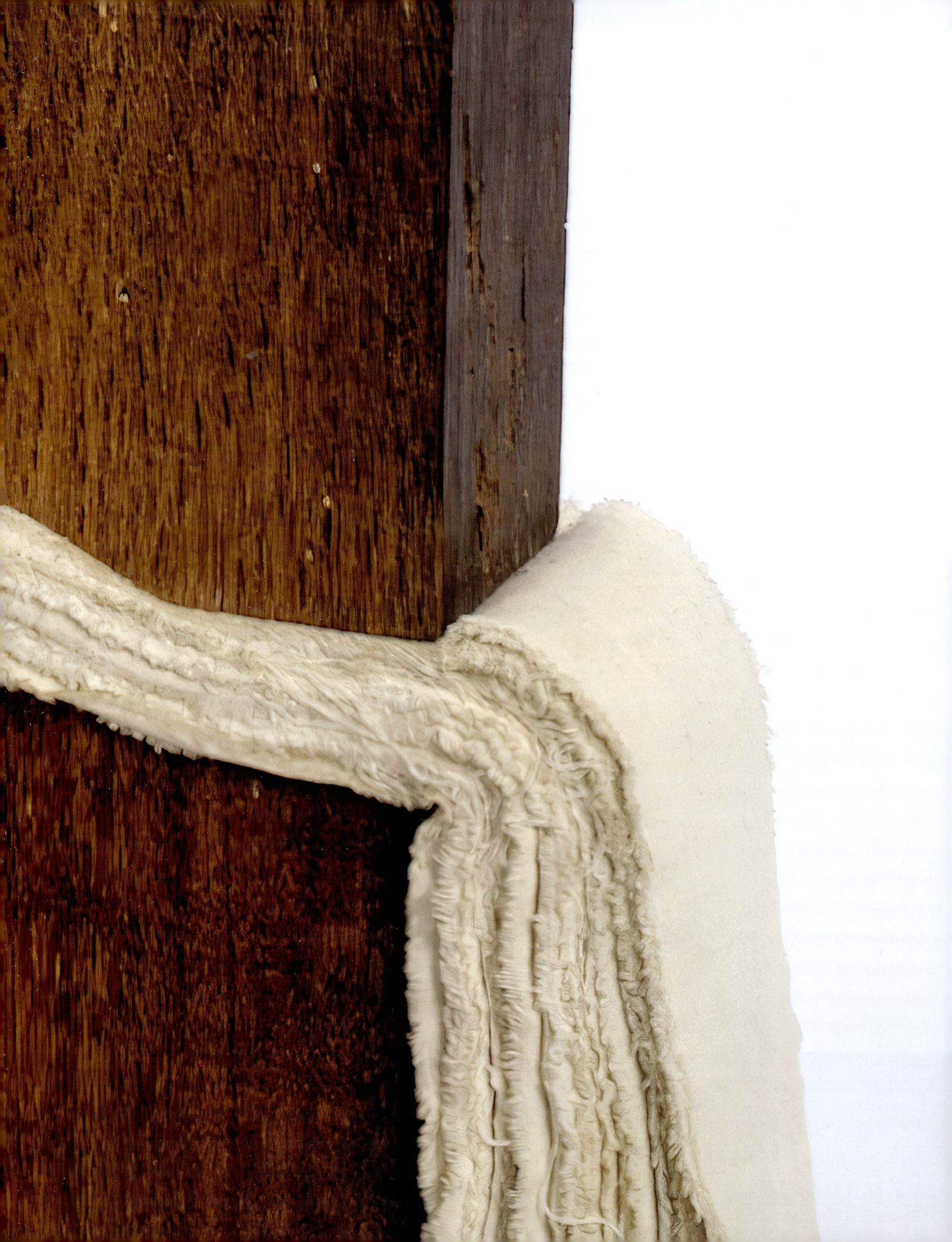

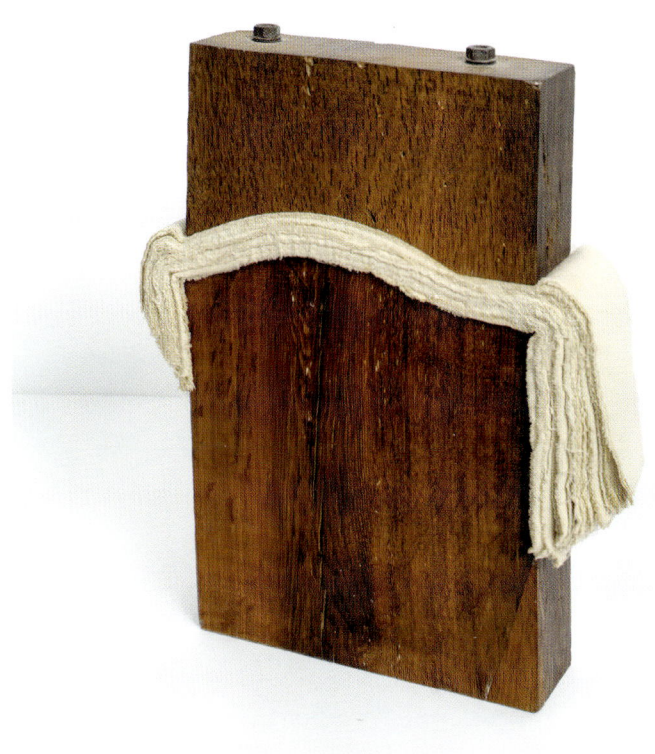

Sin título —1985

Madera, tela y hierro
Zura, oihala eta burdina
43 x 37 x 9 cm

Propiedad particular | Jabetza partikularra

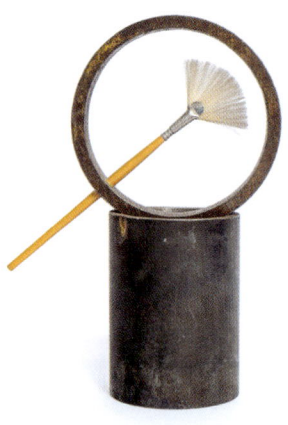

Zaindu —1995

Hierro y pincel
Burdina eta pintzela
29 x 23 x 10 cm

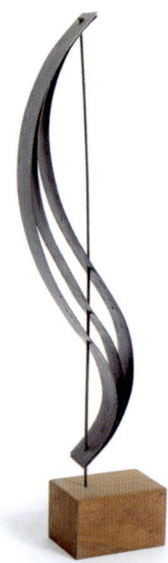

Sin título —2002

Hierro y madera
Burdina eta zura
63 x 10 x 7 cm

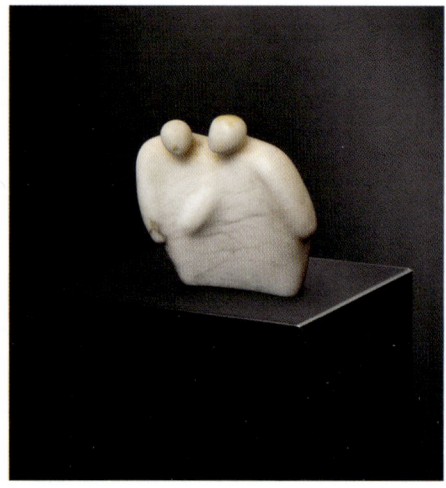

Adrianori gogoratzen
Recordando a Adriano
—1996

Alabastro
Harzuria
32 x 30 x 14 cm

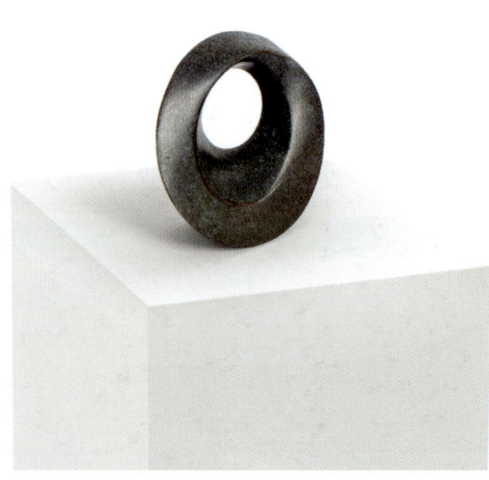

Sin título —1987

Bronce
Brontzea
14 x 11 x 6 cm

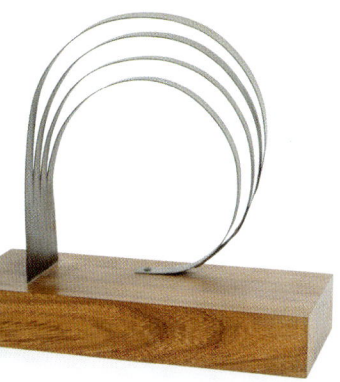

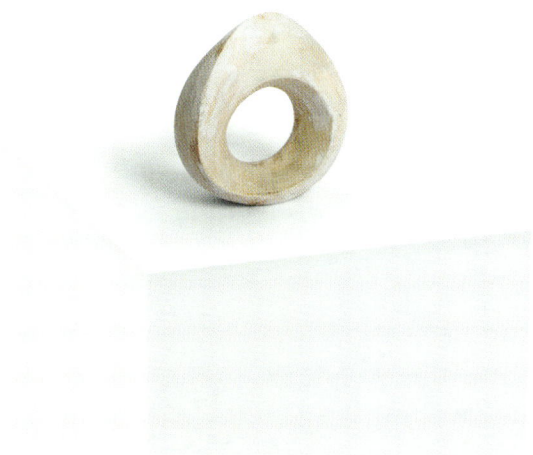

Andrea —1996

Hierro y madera
Burdina eta zura
39 x 43 x 18 cm

Hutsune —1981

Escayola
Igeltsua
14 x 6 x 14 cm

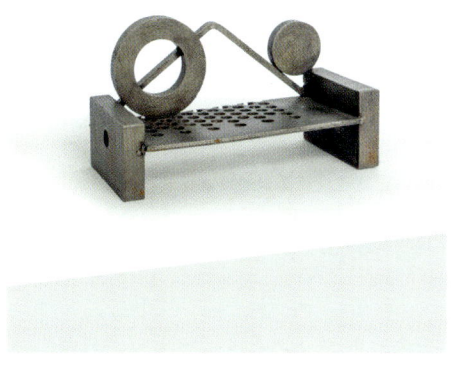

Sin título —1995

Hierro
Burdina
12 x 24 x 11 cm

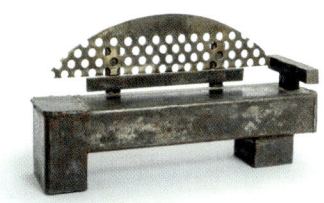

Recordando a Makintosh —1995

Hierro
Burdina
22 x 41 x 13 cm

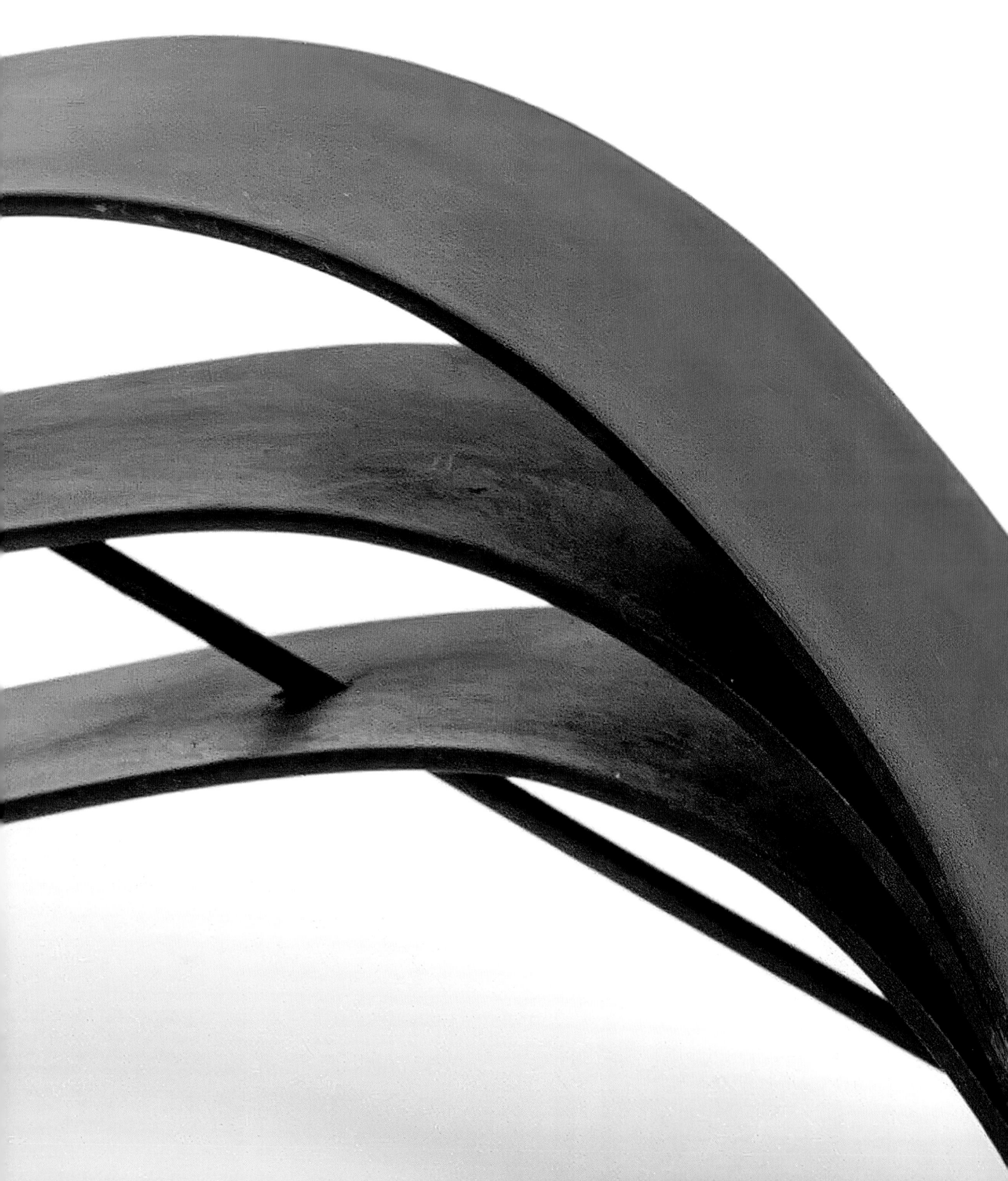

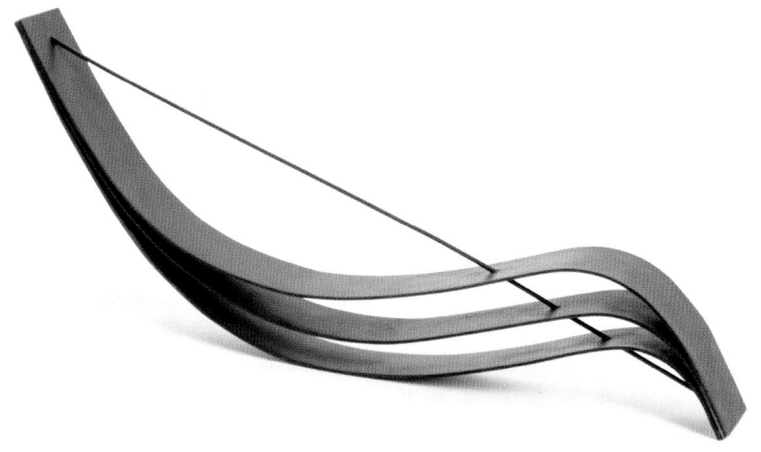

Etzanda —2002

Hierro
Burdina
15 x 42 x 5 cm

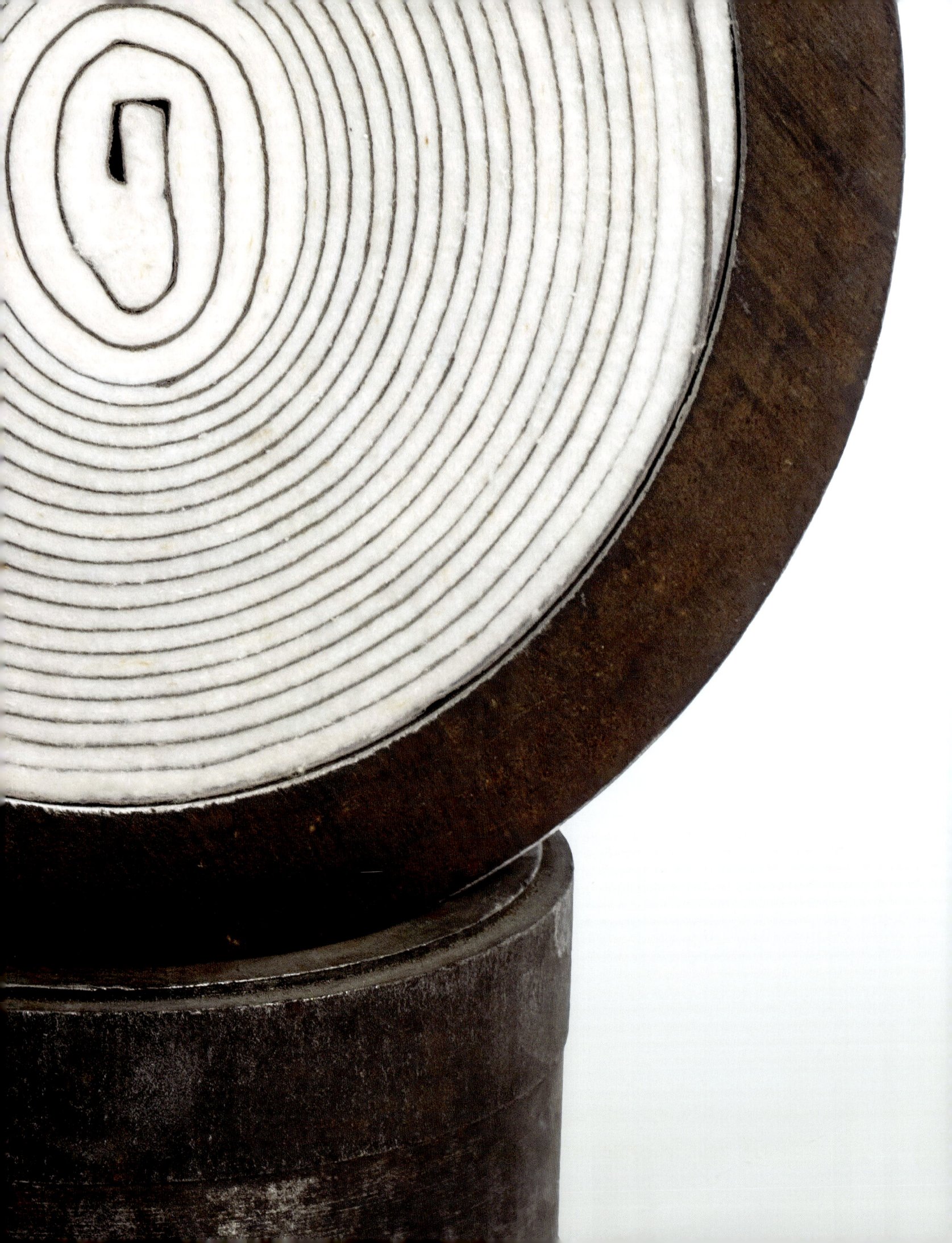

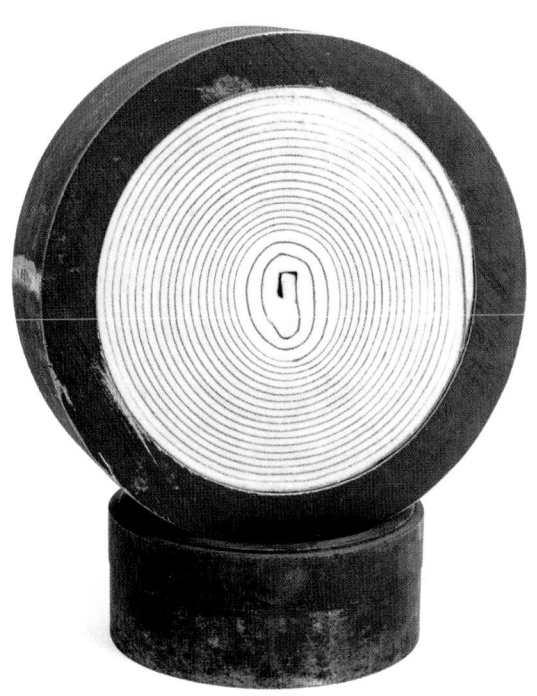

Sin título —1994

Algodón, papel y hierro
Kotoia, papera eta burdina
27 x 22 x 14 cm

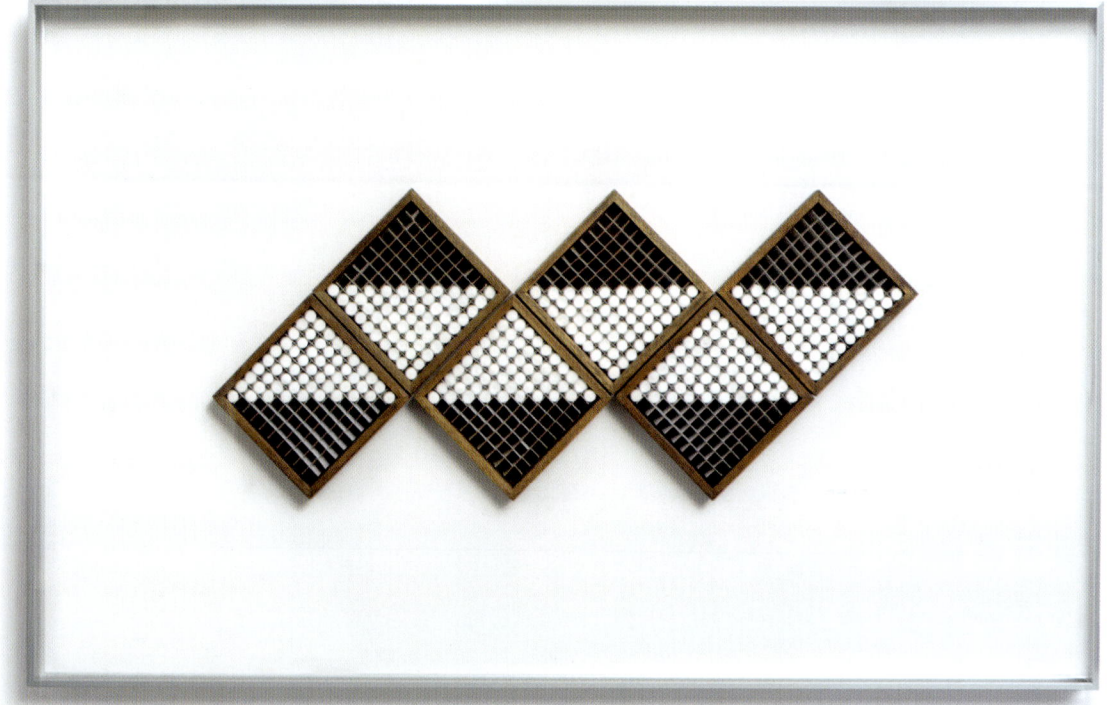

Sin título —2024

Madera, cartón, algodón y aluminio
Zura, kartoia, kotoia eta aluminioa
60 x 100 x 5 cm

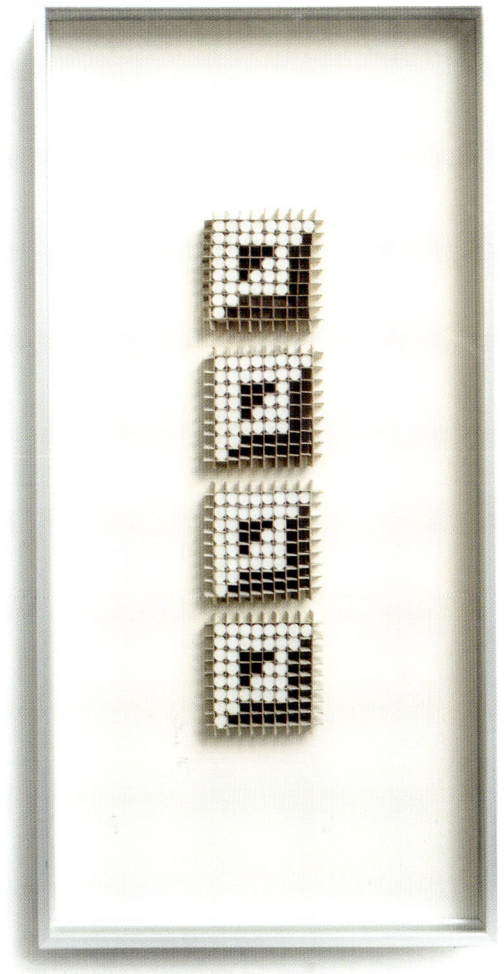

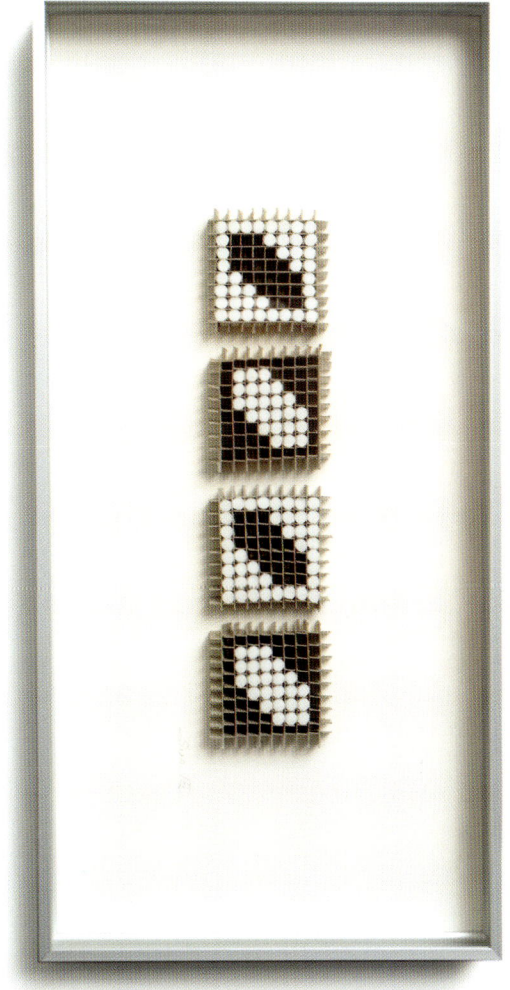

Lauko 2 —2016

Cartón, algodón y aluminio
Kartoia, kotoia eta aluminioa
47 x 22 x 5 cm

Aldaketa —2016

Cartón, algodón y aluminio
Kartoia, kotoia eta aluminioa
47 x 23 x 6 cm

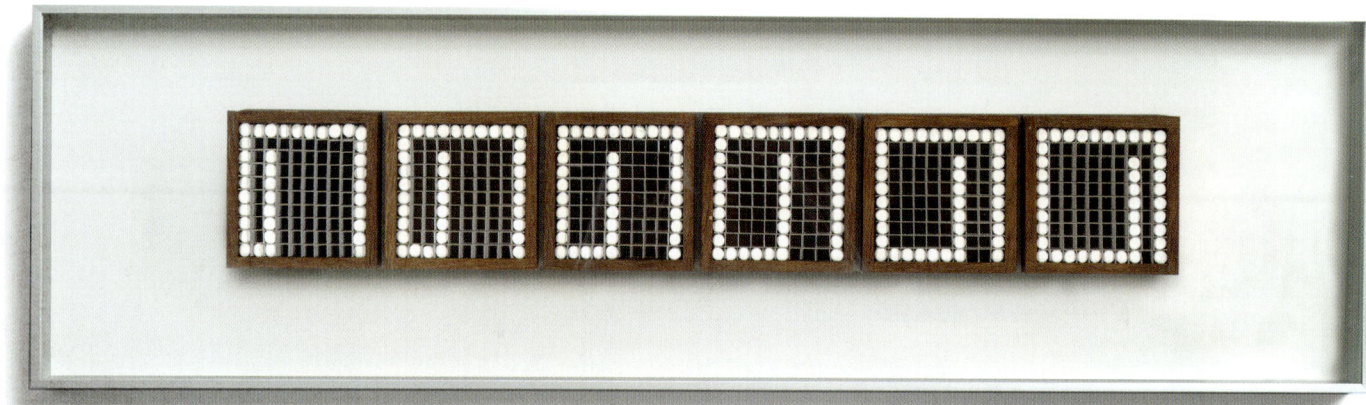

Algo se mueve dentro —2006

Madera, cartón, algodón y aluminio
Zura, kartoia, kotoia eta aluminioa
30 x 114 x 4 cm

Museo de Navarra | Nafarroako Museoa

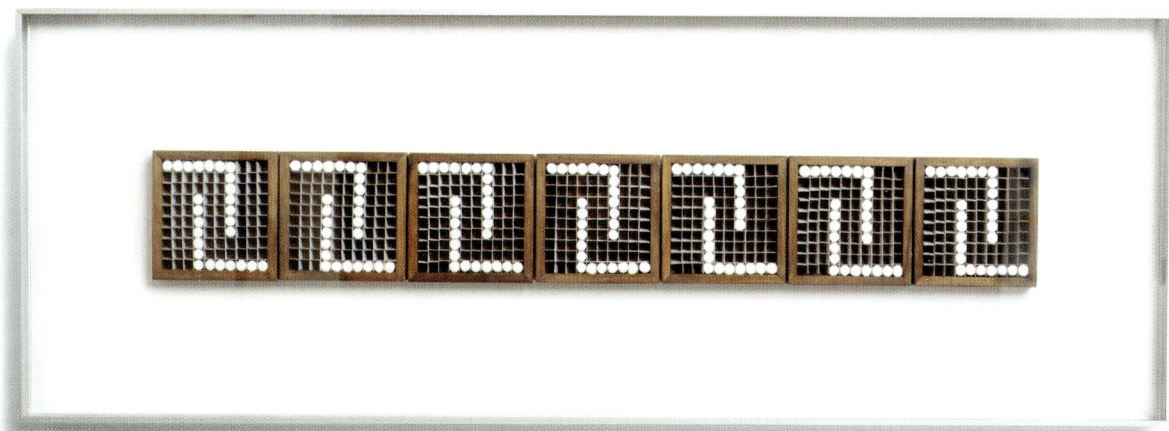

Zazpiko (3) —2016

Madera, cartón, algodón y aluminio
Zura, kartoia, kotoia eta aluminioa
42 x 122 x 5 cm

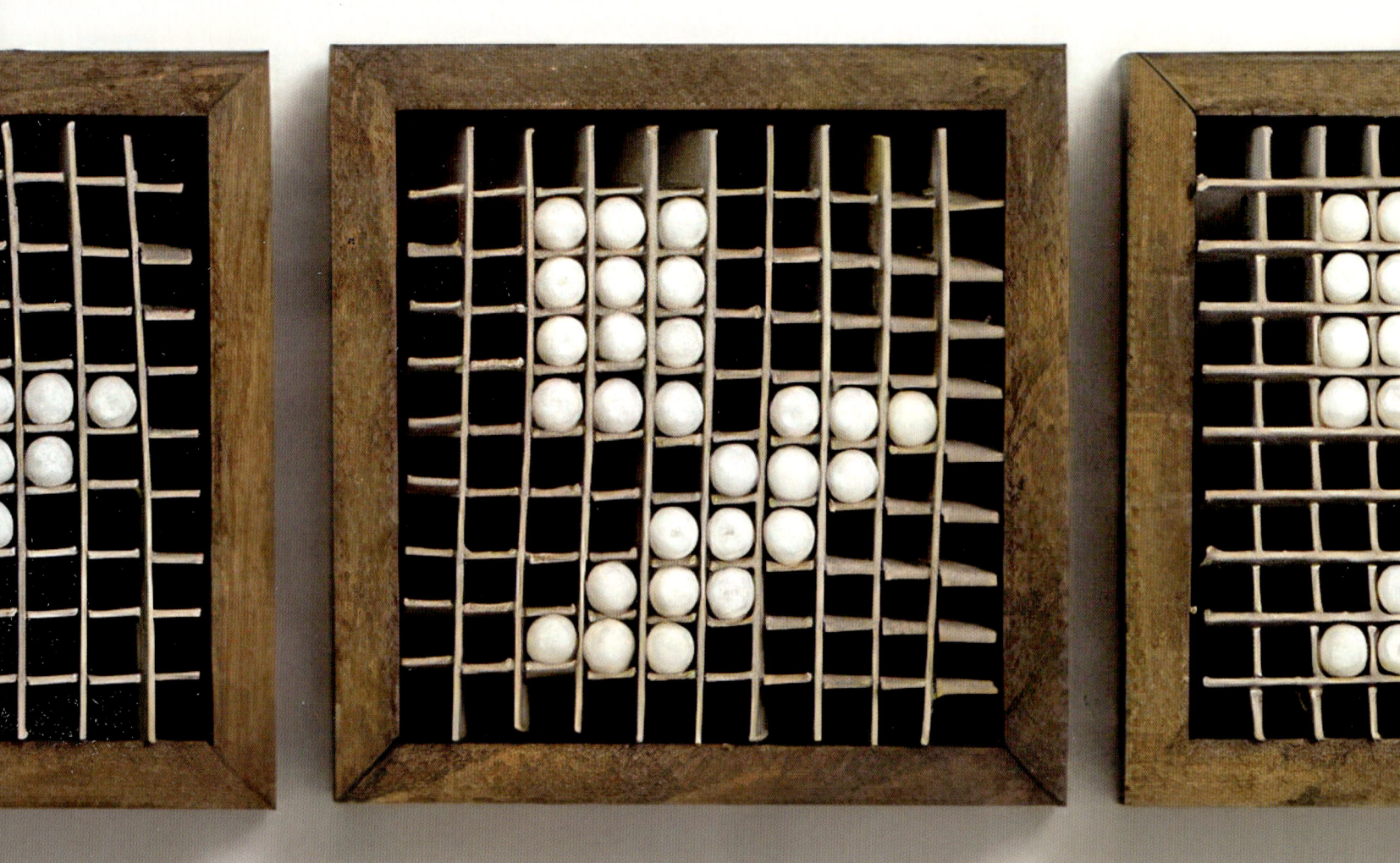

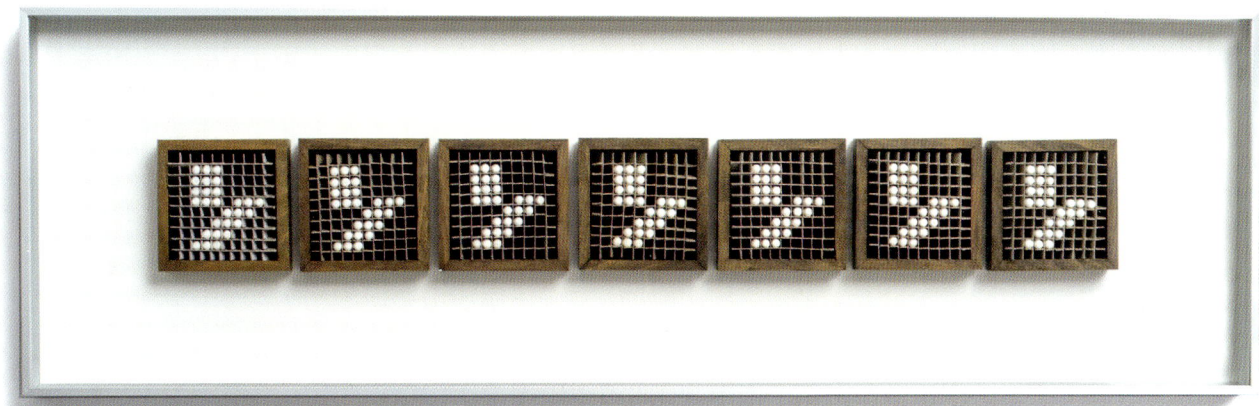

Zazpiko (2) —2016

Madera, cartón, algodón y aluminio
Zura, kartoia, kotoia eta aluminioa
22 x 73 x 5 cm

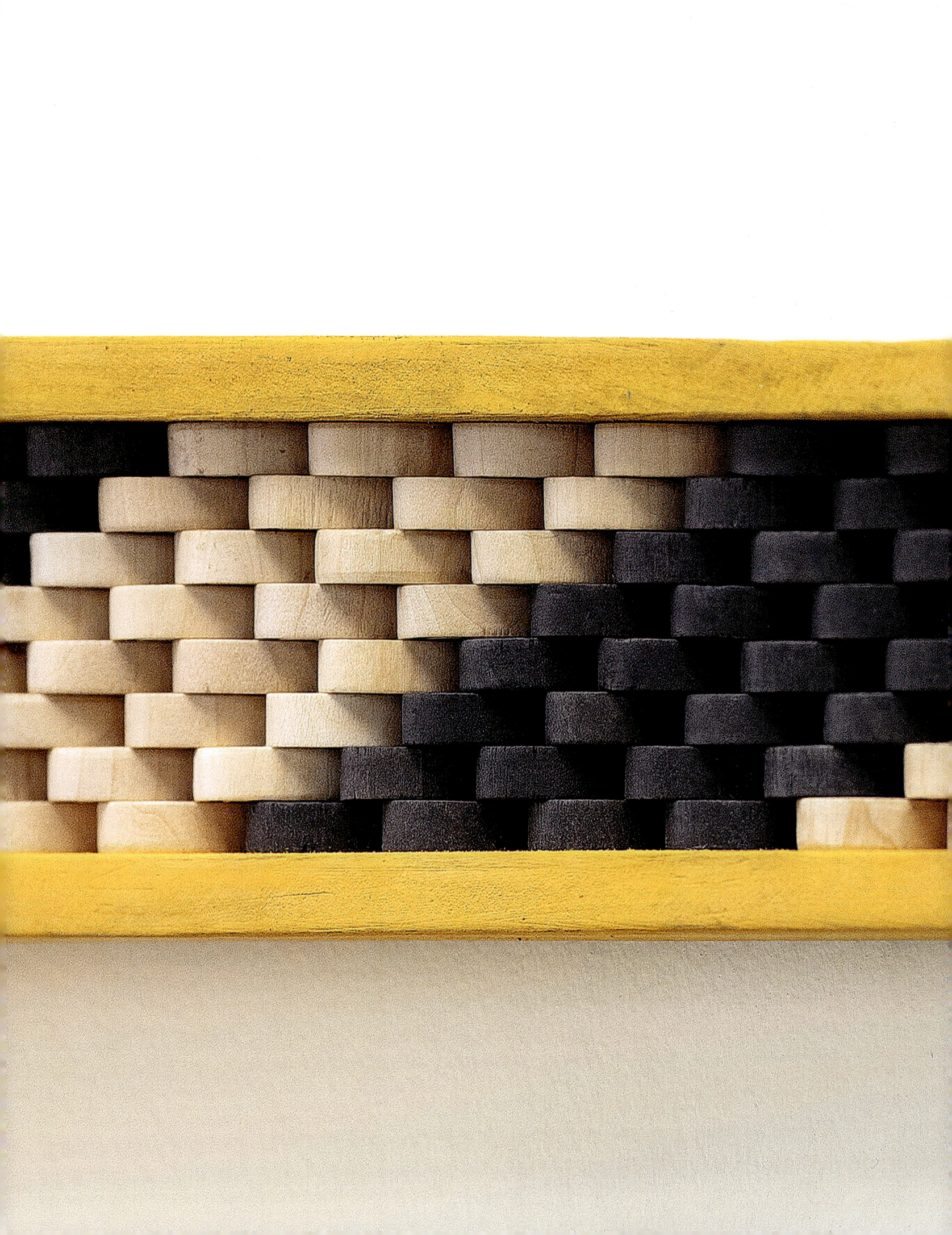

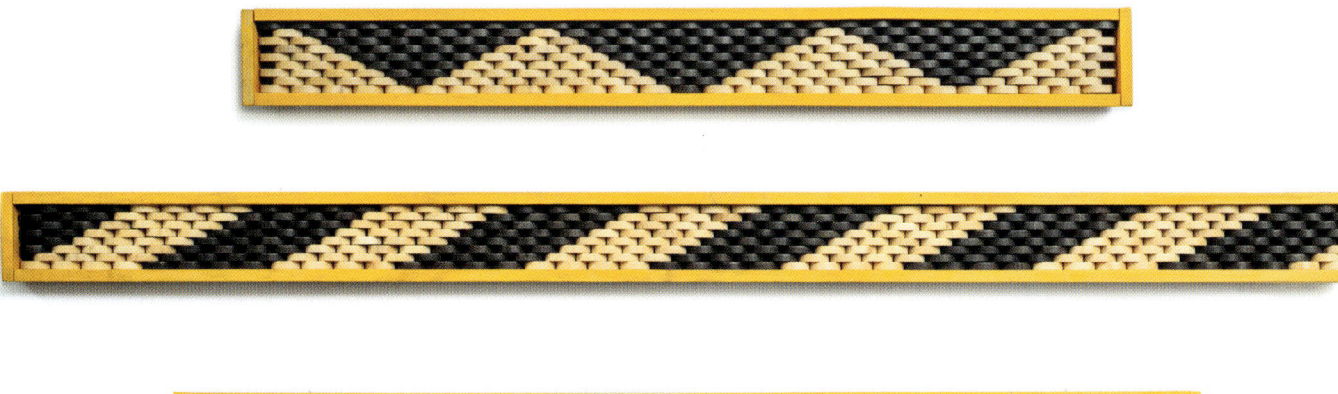

Sin título —1996

Madera y fichas de damas
Zura eta dama jokoko fitxak
9 x 81 x 4 cm
8 x 124 x 4 cm
9 x 94 x 4 cm

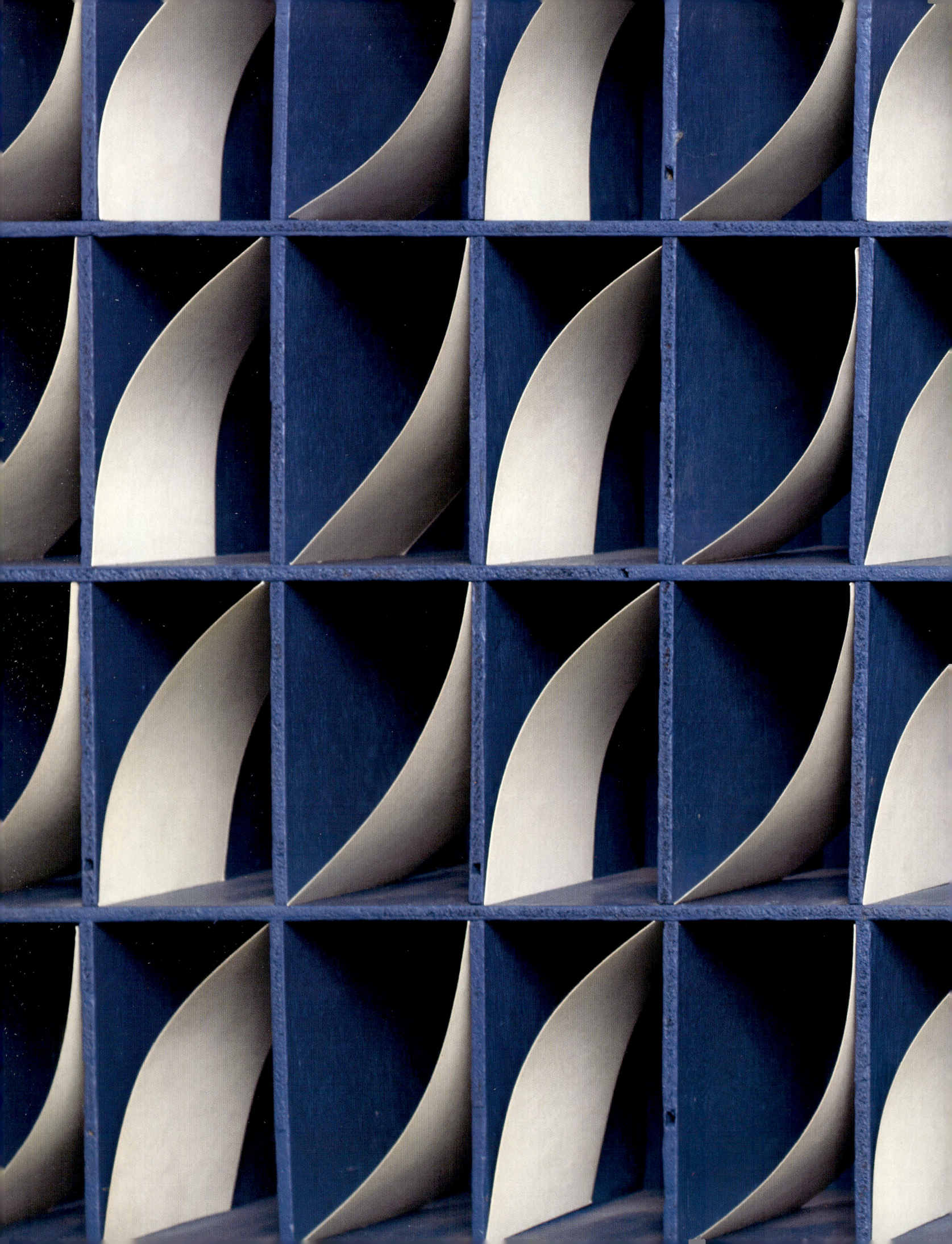

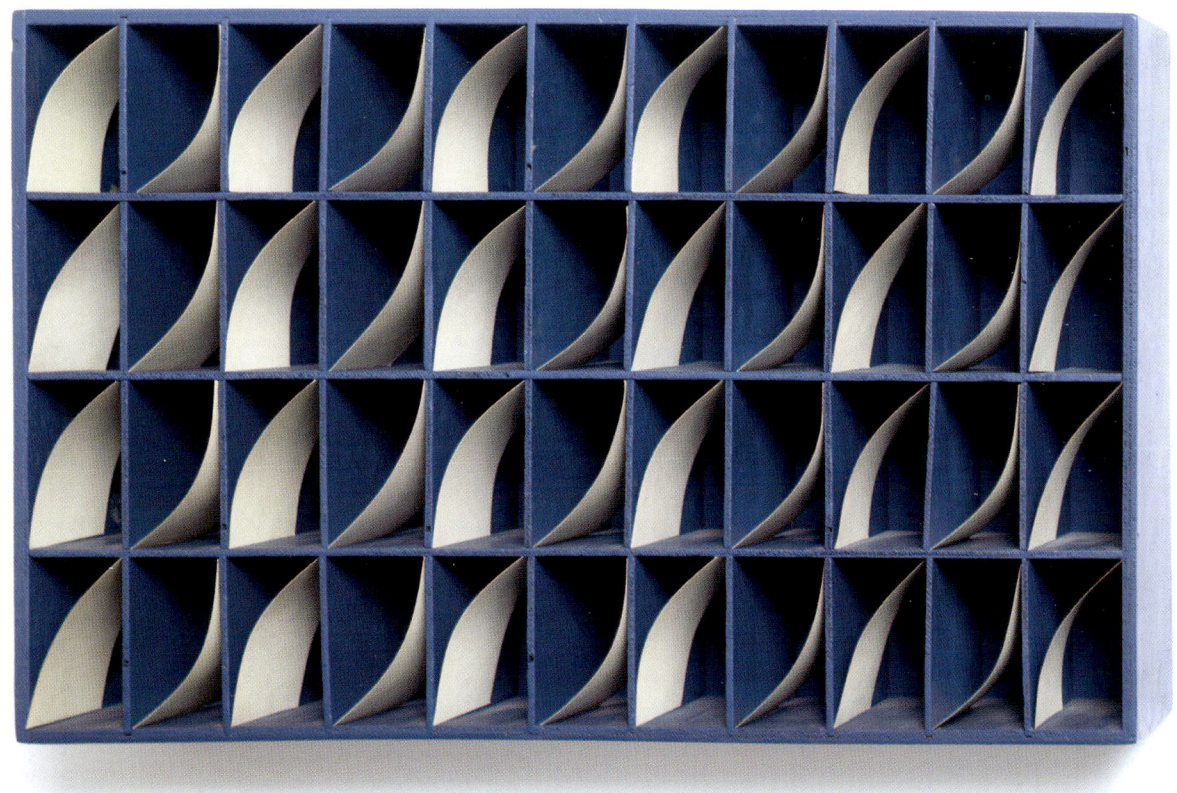

Sin título —1996

Caja de madera y cartulina
Zurezko kaxa eta kartulina
45 x 69 x 13 cm

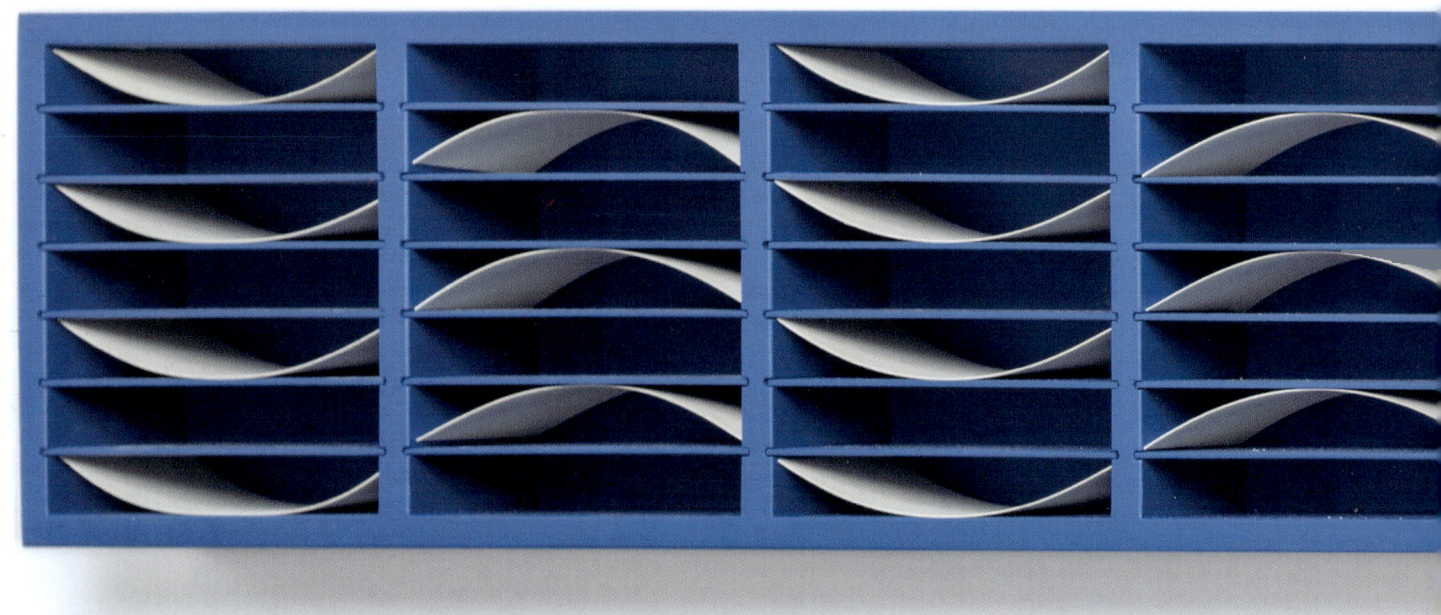

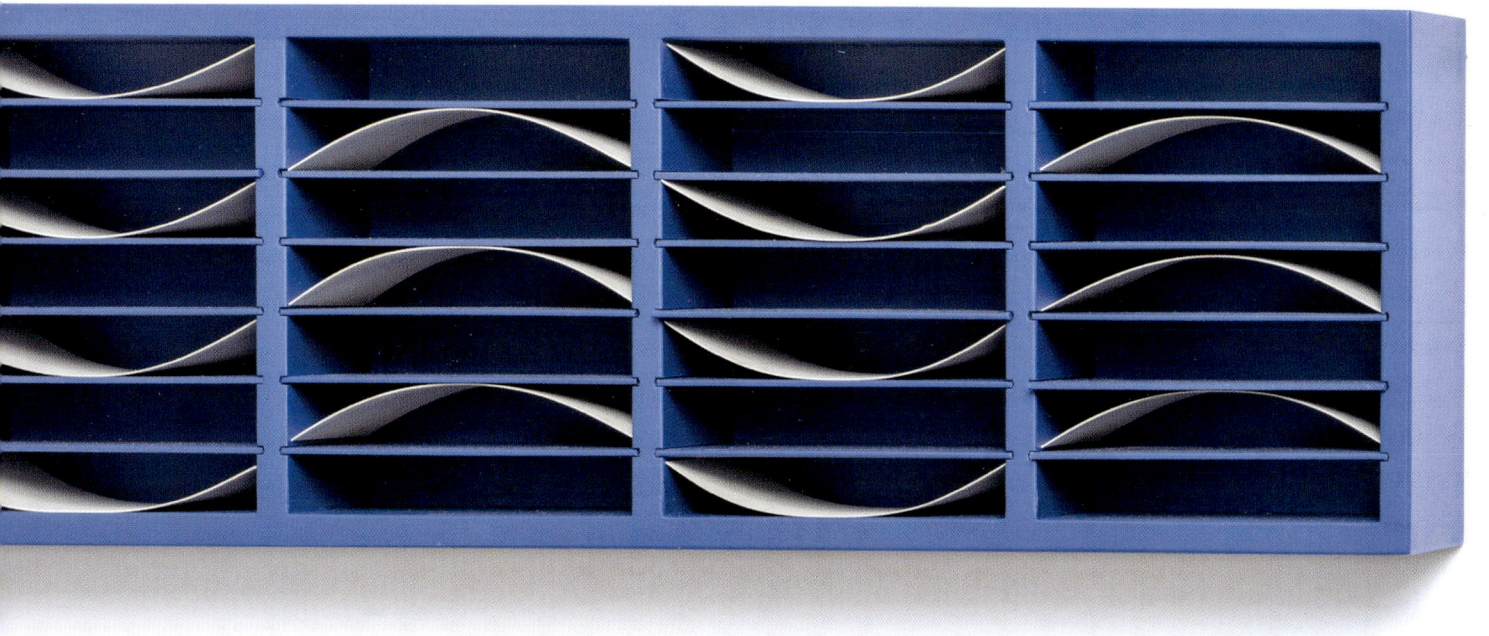

Olatuak —2022

Caja de madera y cartulina
Zurezko kaxa eta kartulina
17 x 100 x 7 cm

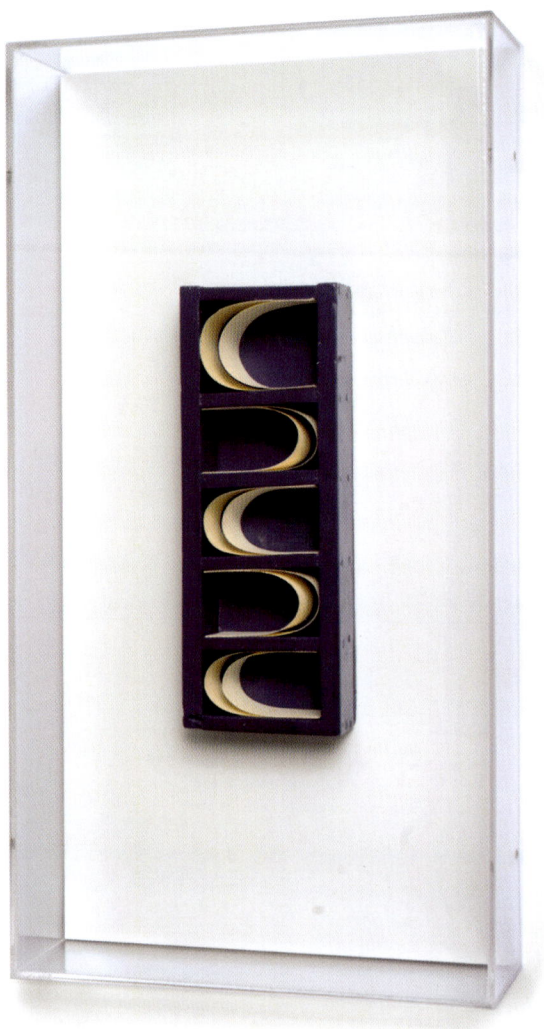

Sin título —1996

Caja de madera, cartulina y metacrilato
Zurezko kaxa, kartulina eta metakrilatoa
47 x 25 x 9 cm

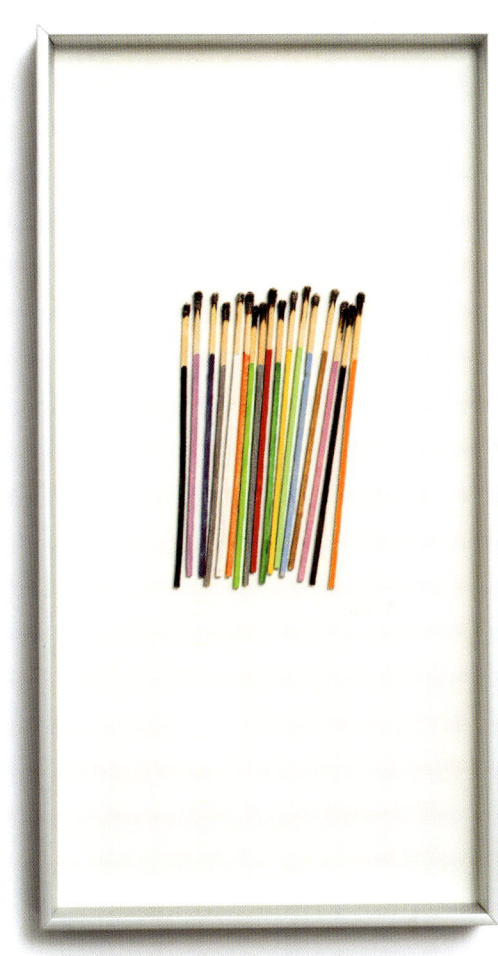

Estamos quemadas —2019

Cerillas y aluminio
Pospoloak eta aluminioa
48 x 26 x 4 cm

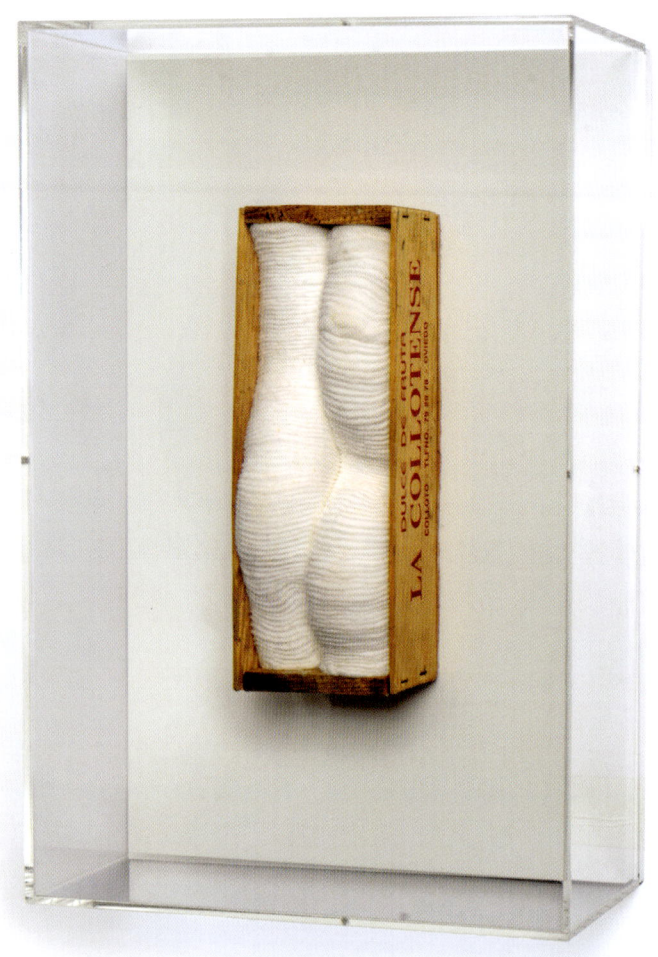

La Collotense —1995

Caja de madera, algodón y metacrilato
Zurezko kaxa, kotoia eta metakrilatoa
55 x 35 x 15 cm

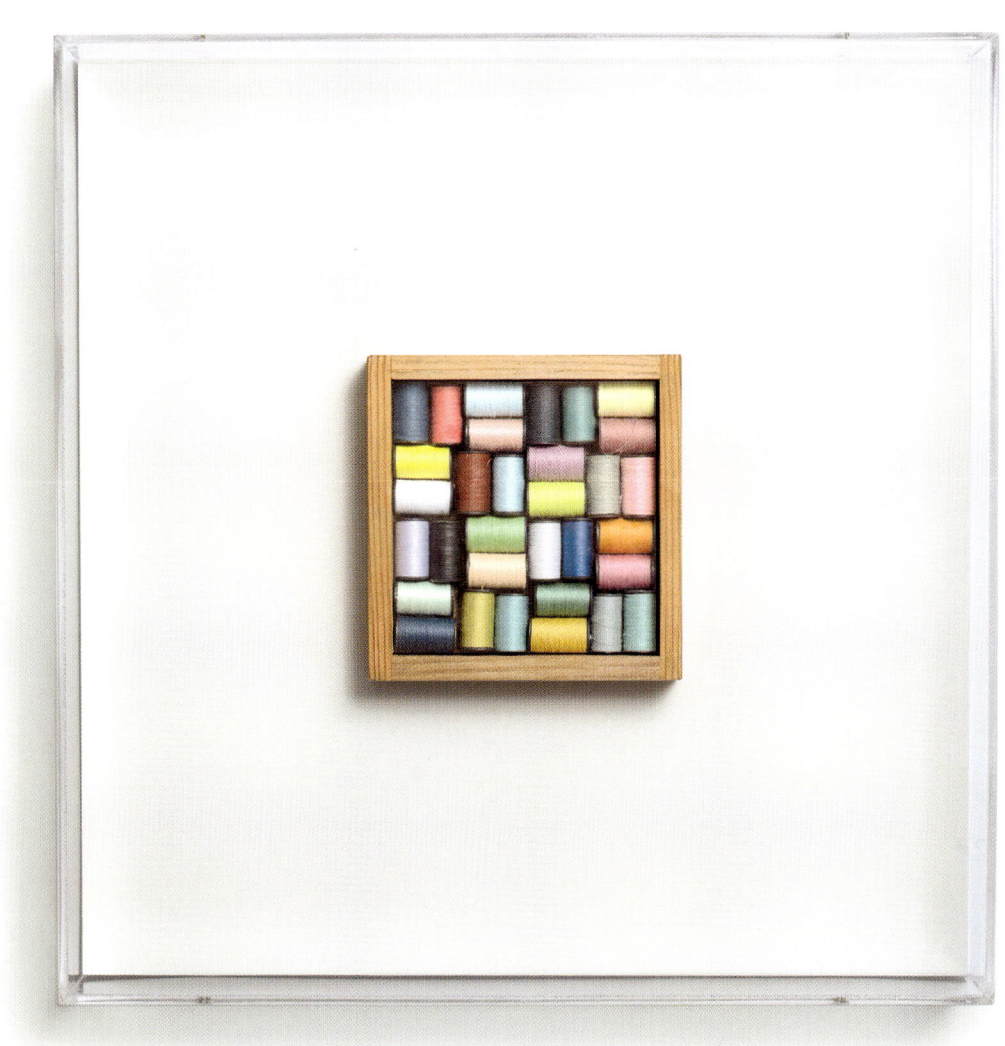

¿Juego de damas? —1996

Madera, hilos y metacrilato
Zura, hariak eta metakrilatoa
38 x 38 x 7 cm

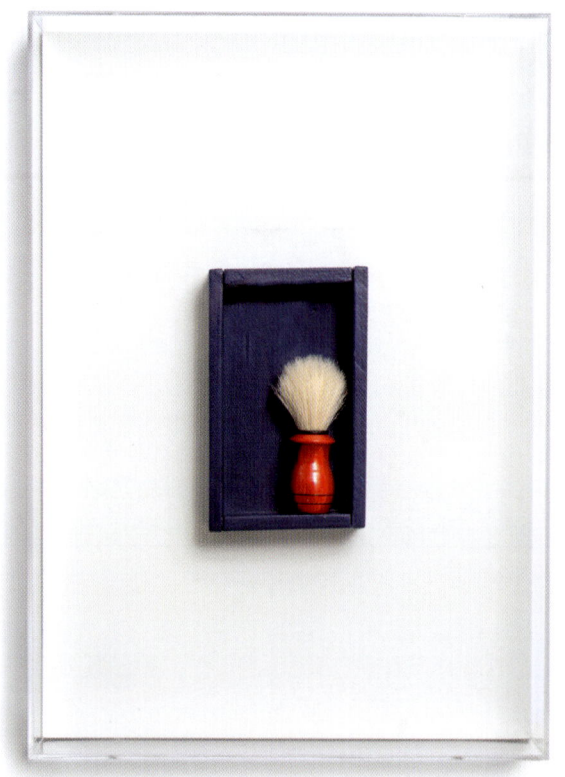

Esperándote —1995

Brocha de afeitar, caja de madera y metacrilato
Bizarra egiteko brotxa, zurezko kaxa eta metakrilatoa
51 x 37 x 8 cm

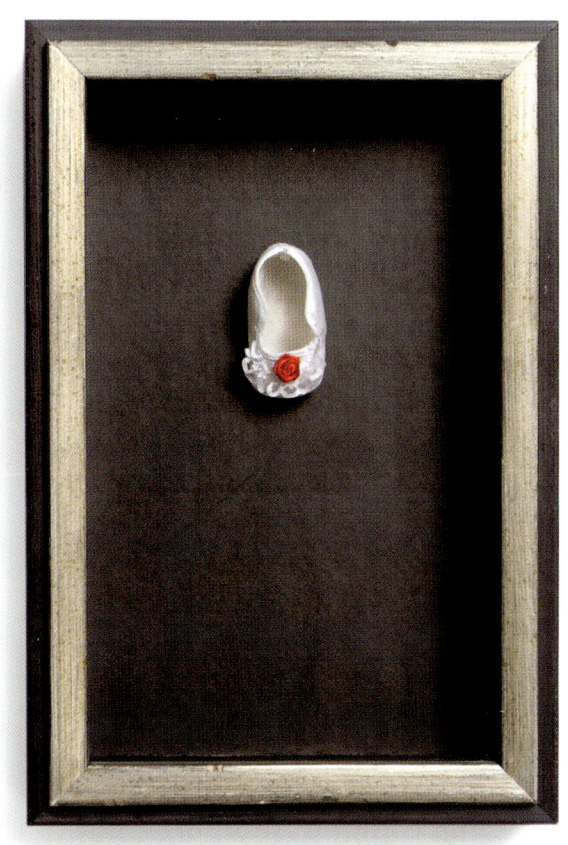

Gerrarik ez —2017

Zapatito y madera
Andere txapina eta zura
39 x 26 x 7 cm

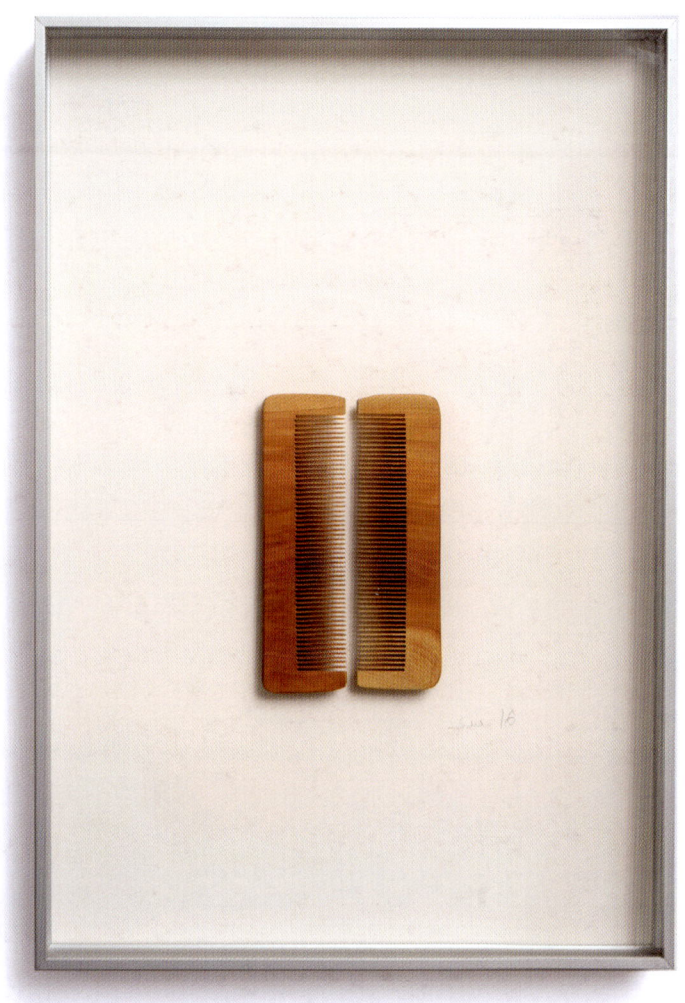

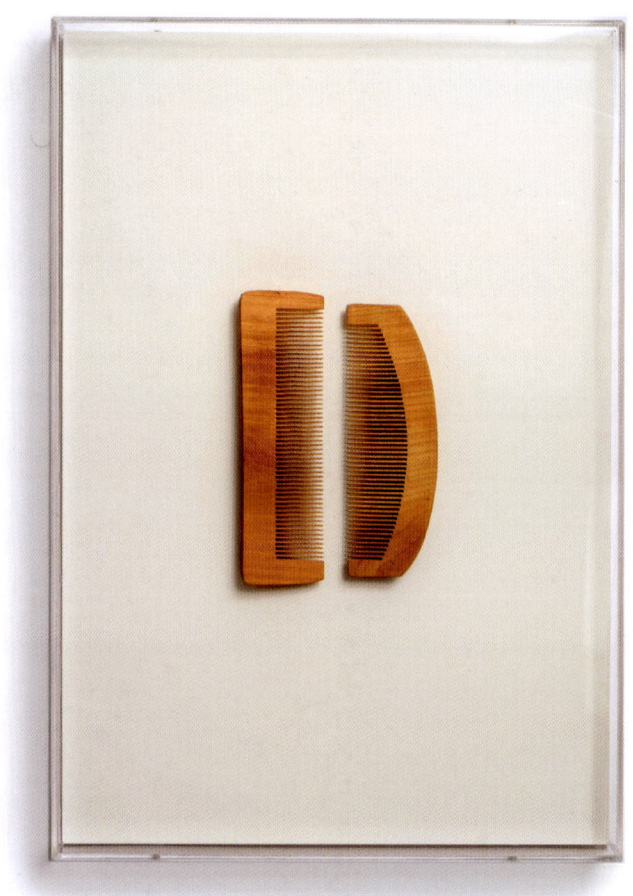

Zu ta Ni. Tú y Yo —2015

Peines, metacrilato y aluminio
Orraziak, metakrilatoa eta aluminioa
Conjunto de 3 piezas | 3 piezako multzoa
53 x 37 x 5 cm
48 x 33 x 5 cm
53 x 37 x 5 cm

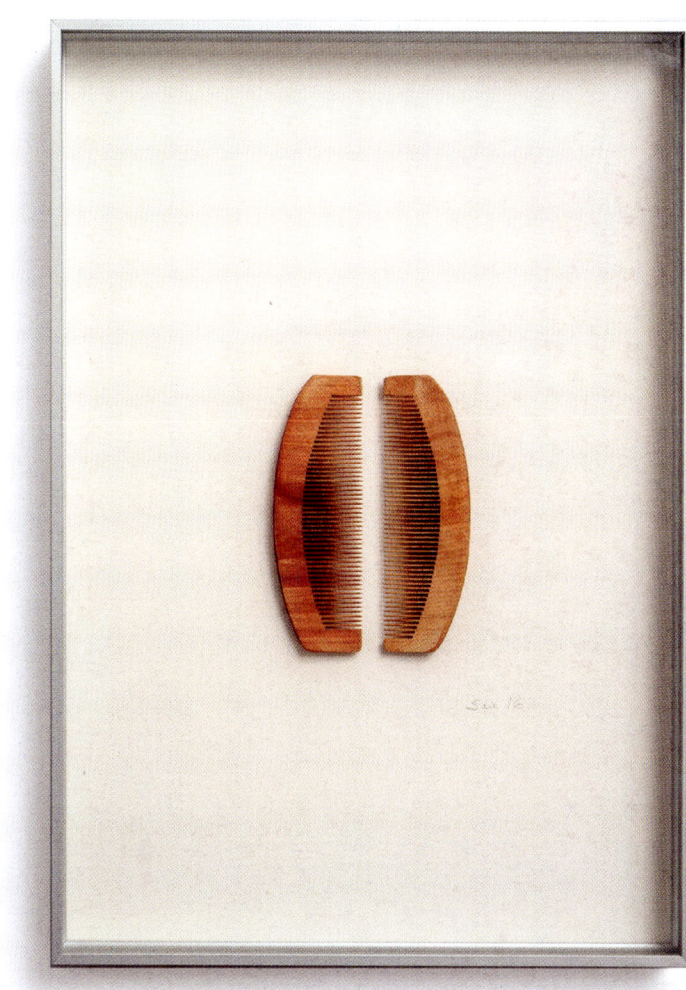

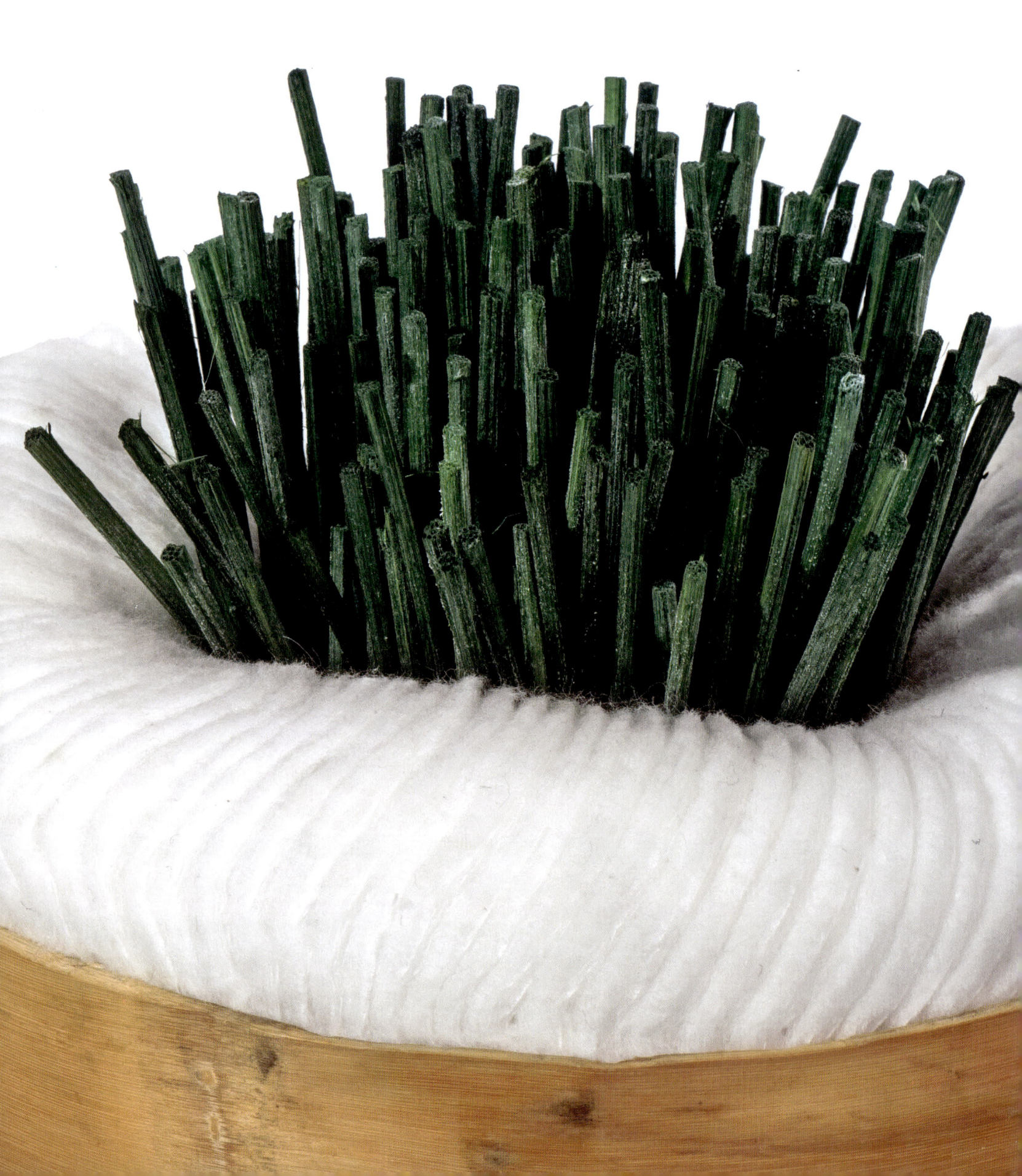

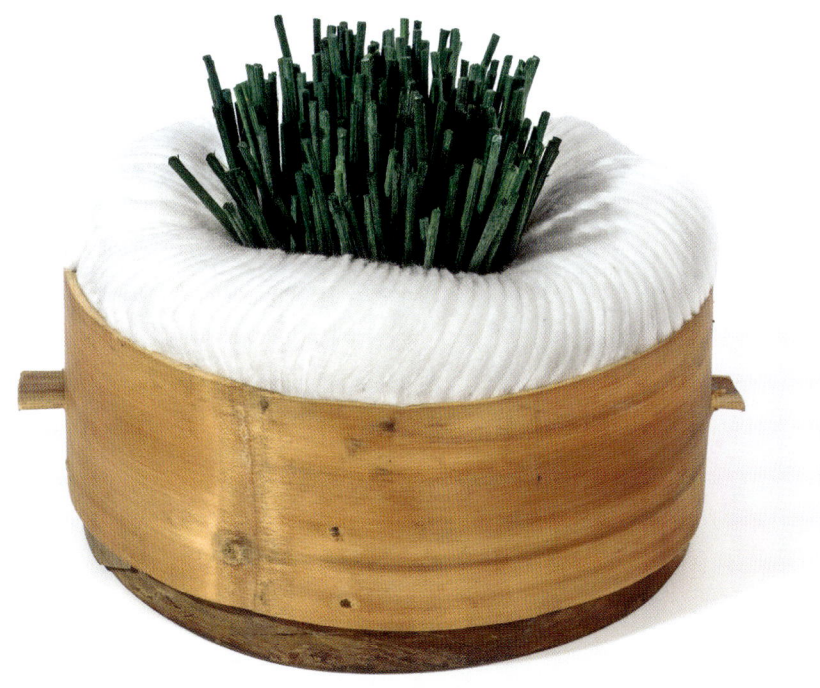

Kimua —1997

Bambú, médula de algodón y metacrilato
Banbua, kotoiaren muina eta metakrilatoa
20 x 31 x 31 cm

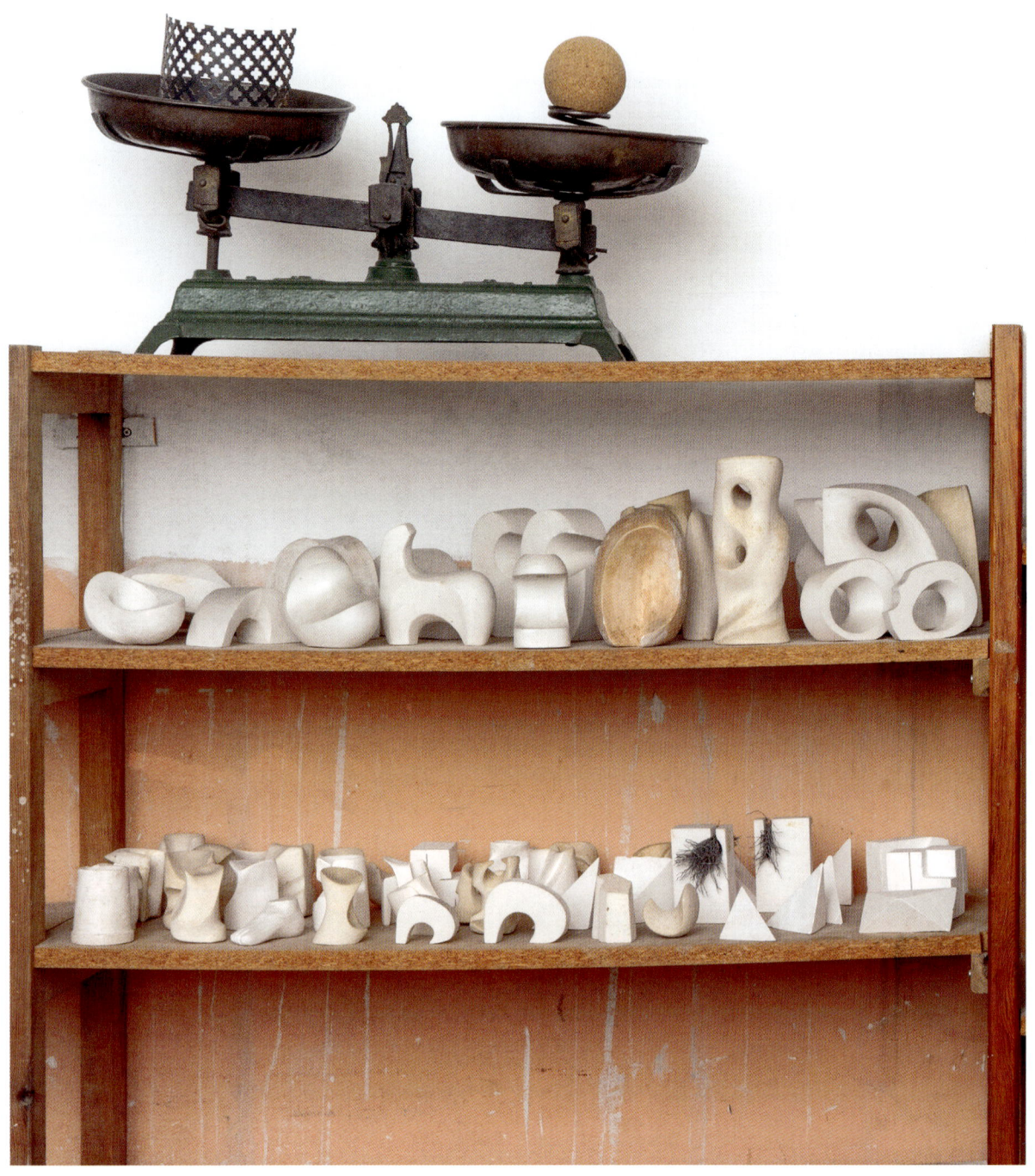

Sin título —1992

Objeto, metal y cerámica
Objektua, metala eta zeramika
34 x 63 x 26 cm

Pruebas. Probak —Década 80. 80ko hamarkada

Escayola
Igeltsua
Conjunto de 20 piezas. 20 pieza multzoa
Varias medidas. Hainbat neurri

Pruebas. Probak —Década 80. 80ko hamarkada

Escayola
Igeltsua
Conjunto de 40 piezas. 40 pieza multzoa
Varias medidas. Hainbat neurri

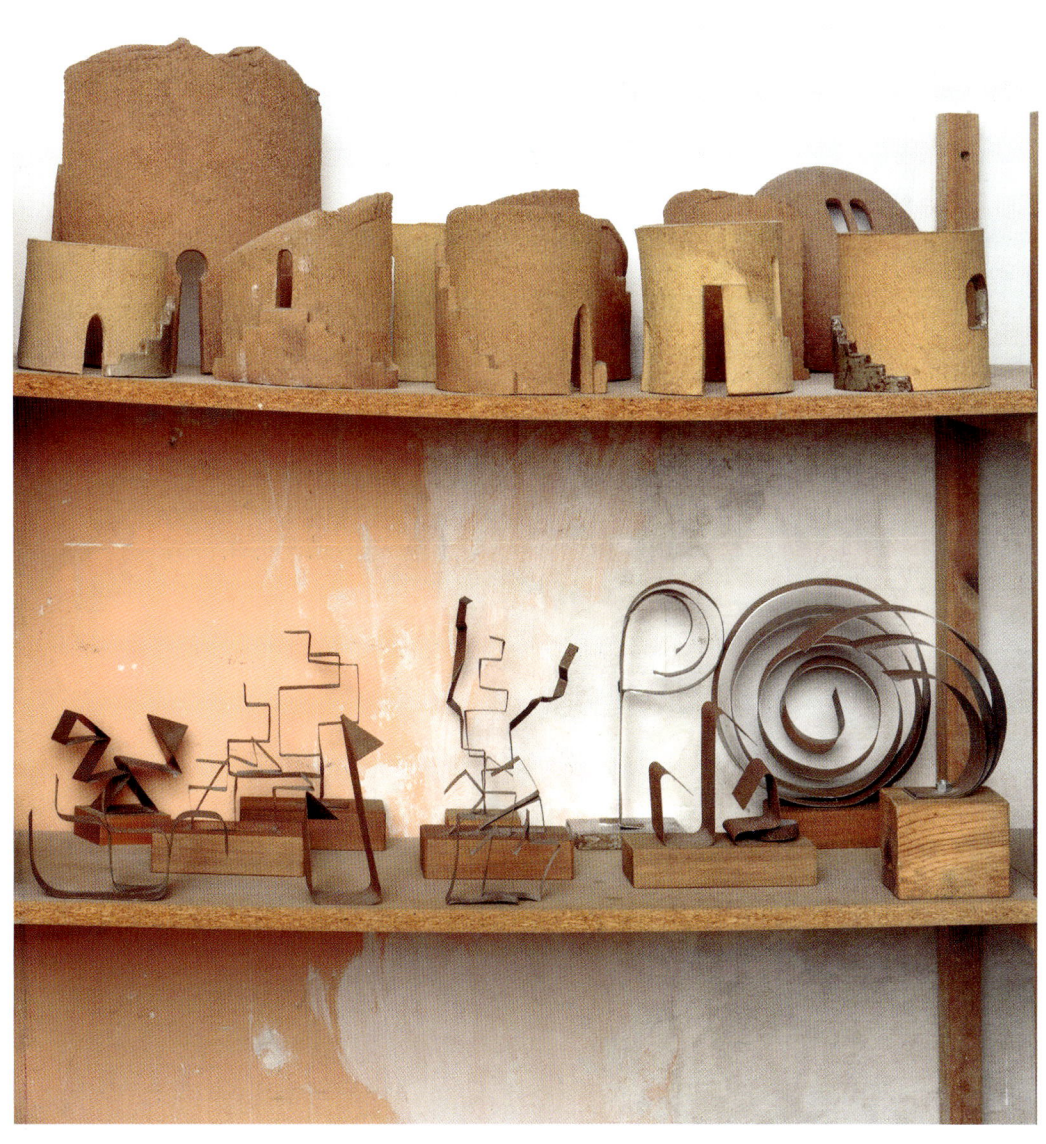

Pruebas. Probak —Década de los 80. 80ko hamarkada

Cerámica
Zeramika
Conjunto de 20 piezas. 20 piezako multzoa
Varias medidas. Hainbat neurri

Pruebas. Probak —Década de los 80. 80ko hamarkada

Metal y madera
Metala eta zura
Conjunto de 12 piezas. 12 piezako multzoa
Varias medidas. Hainbat neurri

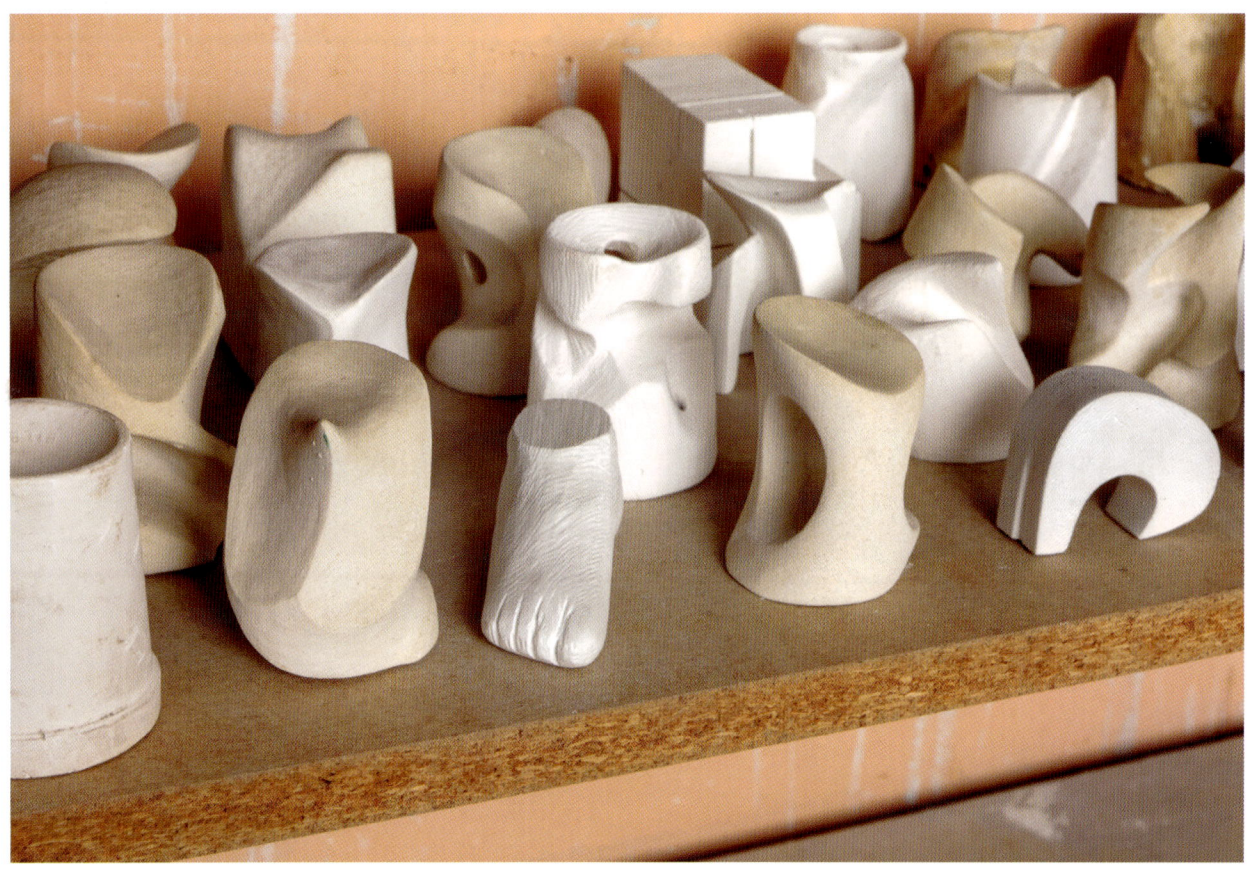

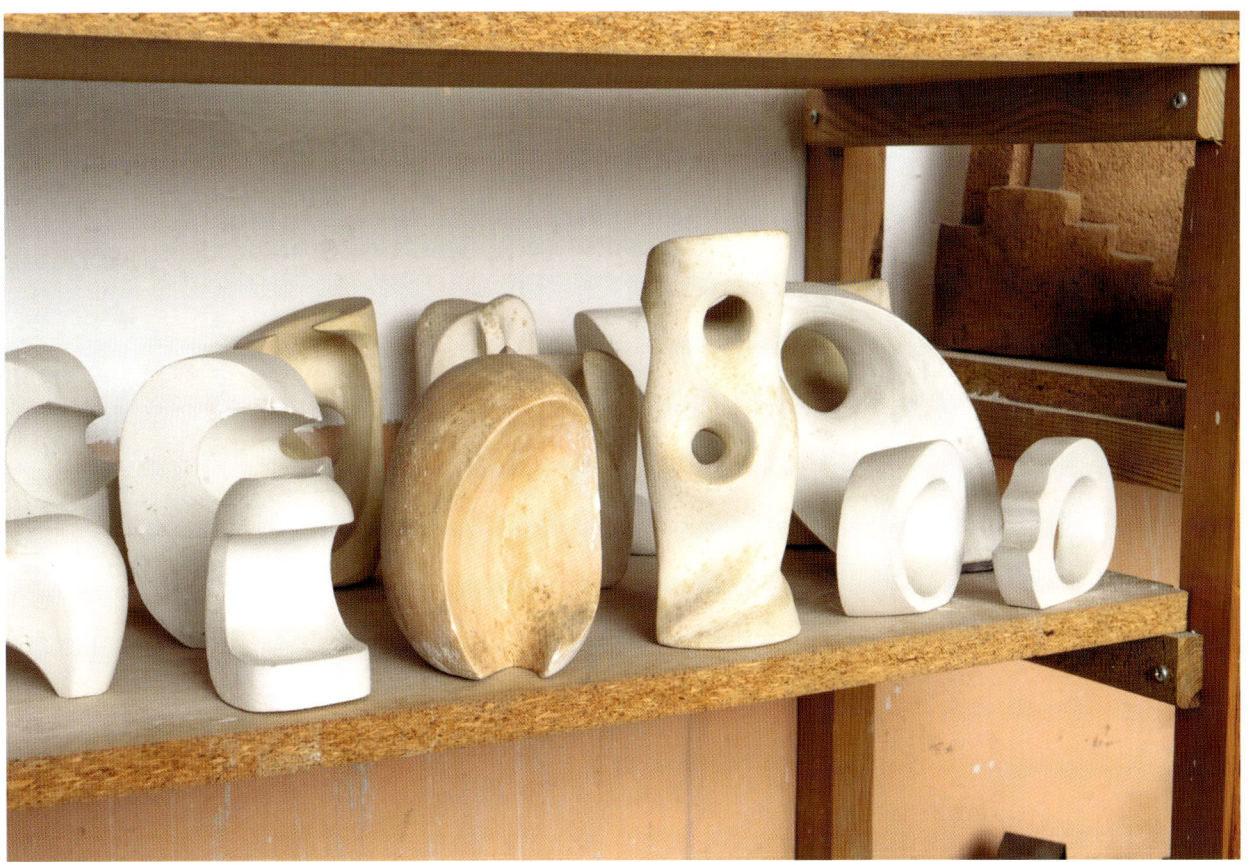

Pruebas. Probak —Década de los 80. 80ko hamarkada

Malla de gallinero
Oilategi sarea
19 x 10 x 10 cm
23 x 17 x 10 cm

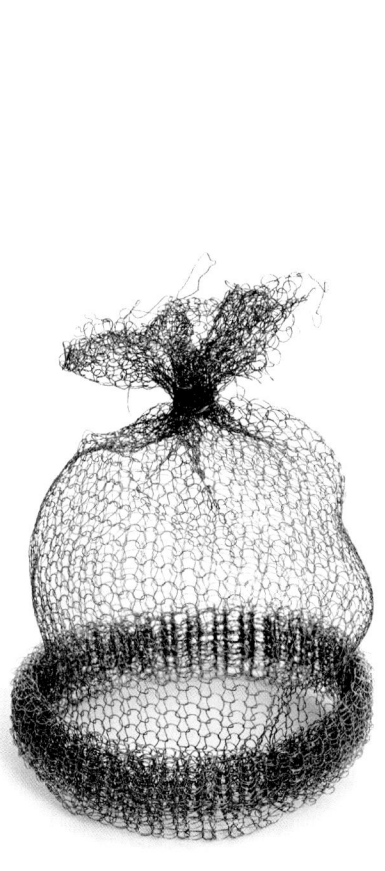
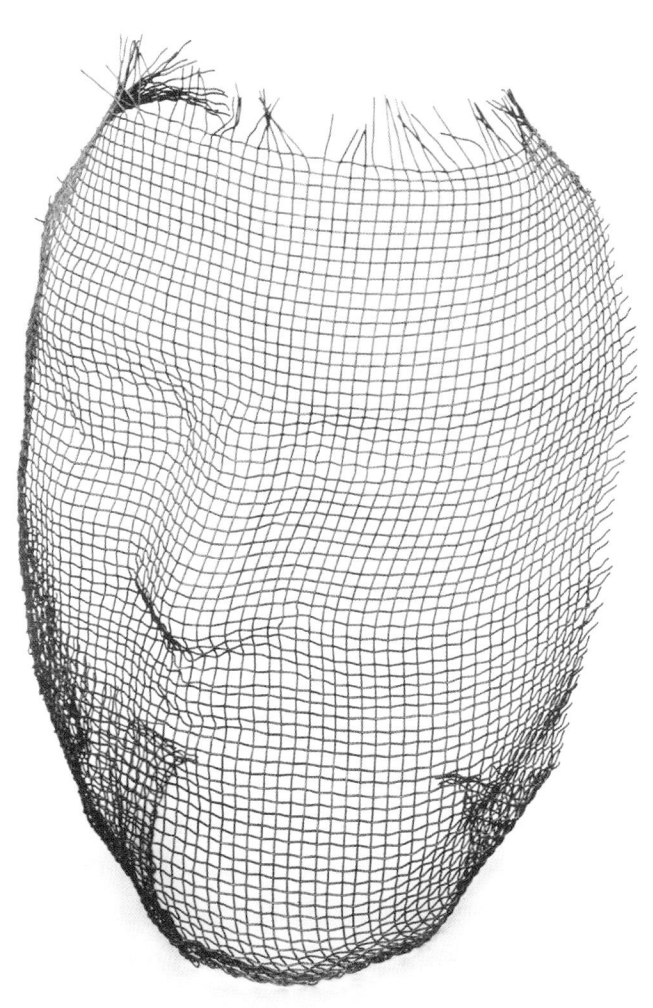

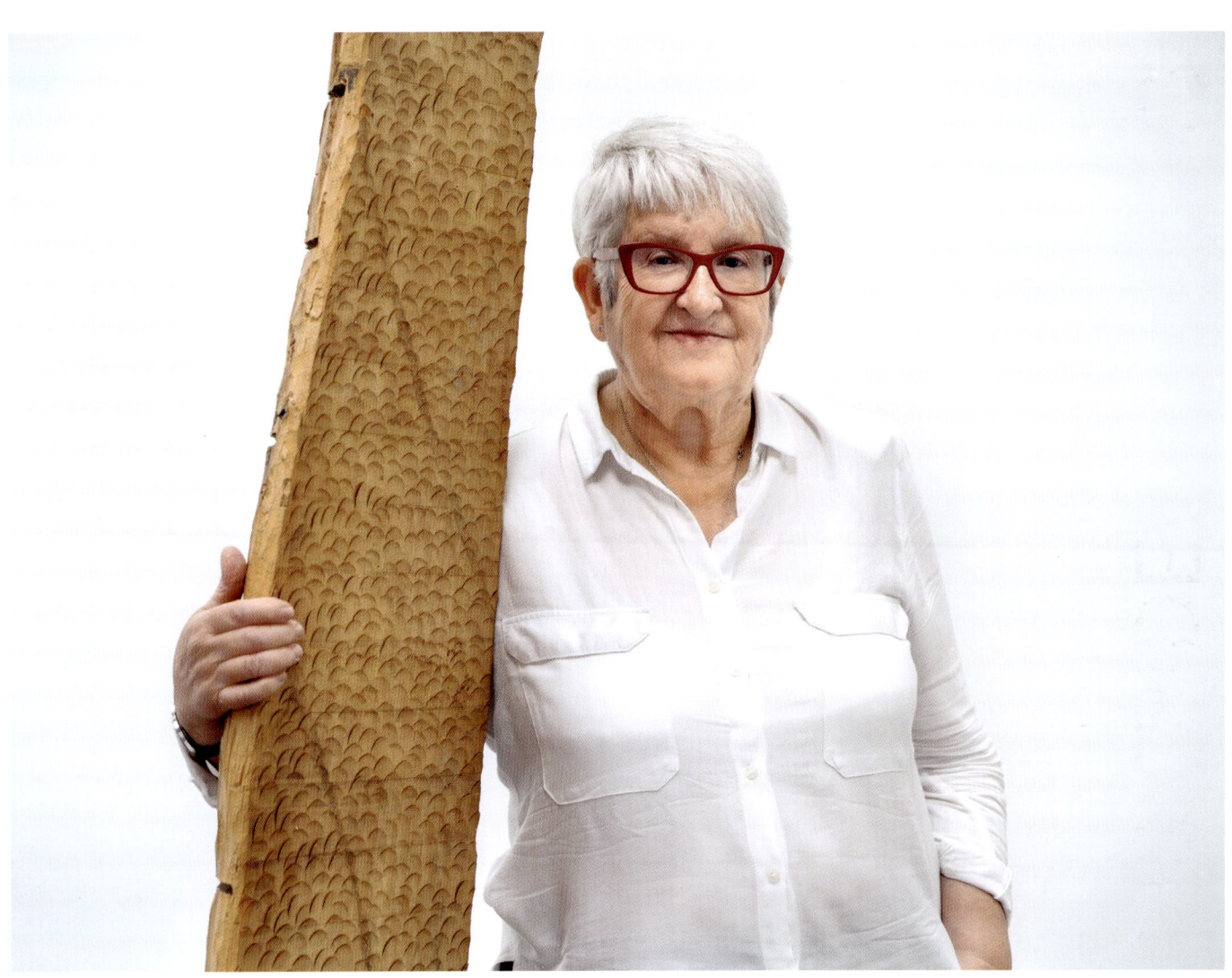

Mertxe Sueskun, octubre de 2024 / 2024ko urria

TRAYECTORIA DE MERTXE SUESKUN
MERTXE SUESKUNEN IBILBIDEA

Nace en Pamplona en 1946.

1972-1977
Estudios de delineación en Elgoibar y Eibar.
1982-1985
Estudios de talla en piedra y madera en el
Centro de Enseñanzas Artesanales de Deba.
1986-1993
Cursos en Arteleku. San Sebastián.

Iruñean jaio zen, 1946an.

1972-1977
Delineazio ikasketak Elgoibarren eta Eibarren.
1982-1985
Harriaren eta zuraren zizelketa ikasketak
Debako Eskulangintzako Ikastetxean.
1986-1993
Ikastaroak Artelekun. Donostia.

EXPOSICIONES INDIVIDUALES

1991
- Sala de Cultura de la Caja de Ahorros de Navarra. Pamplona
- Palacio Barrena de Ordizia. Gipuzkoa

1992
- Sala de Cultura de la Caja de Ahorros de Navarra. Madrid
- Centro Cultural Villa de Móstoles. Madrid
- Portalea Kultur Etxea. Eibar. Gipuzkoa
- Galería Iñauteria. Hondarribia. Gipuzkoa
- Sala de Cultura de Elgoibar. Gipuzkoa

1993
- Galería Berta Belaza. Bilbao

1995
- Andazarrate Jatetxea. Asteasu. Gipuzkoa

2000
- Café Usainean. Sala de Cultura de Elgoibar. Gipuzkoa

2015
- *De lo cotidiano. Egunerokoari buruzkoa.* Palacio Vallesantoro. Casa de Cultura de Sangüesa. Navarra

2017
- Centro Cultural Iortua. Alsasua. Navarra
- *De continentes, contenidos y otros cuentos /Edukitzaileen, edukien eta beste kontu batzuen gain.* Sala del Polvorín de la Ciudadela y Civivox Iturrama. Pamplona

2018
- *Parte de lo cotidiano. Egunerokoaren zatitxoa.* Casa de Cultura de Zizur Mayor. Navarra
- *De continentes, contenidos y otros cuentos /Edukitzaileen, edukien eta beste kontu batzuen gain.* Sala de Cultura de Elgoibar. Gipuzkoa

2019
- *De lo cotidiano.* Sala de Cultura. Noain

2021
- *Sanfermines Imaginados.* Ciudadela. Pamplona

2024
- *Mertxe Sueskun. Jugando, cuento.* Museo de Navarra. Pamplona

EXPOSICIONES COLECTIVAS

En las siguientes localidades: Elgoibar, Eibar, Zarautz, Zornotza, Legazpia, Deba, San Sebastián, Vitoria-Gasteiz, Bilbao, Almería, Santiago de Compostela, Murcia, Rubión, Málaga, Granada, Loods (Polonia), Szombathely (Hungría), Zumaia y Pamplona.

OBRA SELECCIONADA PARA EXPOSICIÓN

1982, 1984 y 1986. Artistas Noveles de Gipuzkoa
1985 y 1990. Gure Artea. Gobierno Vasco
1984, 1988, 1990 y 1992. Bienal de Zornotza
1990 y 1993. Bienal de Vitoria-Gasteiz
1992. Bienal de Almería
1992. Bienal de Murcia
1995. Trienal de Loods. Polonia
1996. Bienal de Szombathely. Hungría
1996. Zumaiako Lehiaketa
1996. Escultores Navarros. Ayuntamiento de Pamplona
1999. II Premio Navarra de Escultura. Gobierno de Navarra

BECAS Y AYUDAS

1995. Ayuda concedida por la Diputación Foral de Gipuzkoa

OBRA EN MUSEOS Y COLECCIONES

Departamento de Cultura del Gobierno Vasco
Ayuntamiento de Elgoibar
Museo de Navarra
Colecciones particulares

BAKARKAKO ERAKUSKETAK

1991
- Nafarroako Aurrezki Kutxaren kultur aretoa. Iruña
- Ordiziako Barrena jauregia. Gipuzkoa

1992
- Nafarroako Aurrezki Kutxaren kultur aretoa. Madril
- Villa de Móstoles kultur zentroa. Madril
- Portalea kultur etxea. Eibar. Gipuzkoa
- Iñauteria galeria. Hondarribia. Gipuzkoa
- Elgoibarko kultur aretoa. Gipuzkoa

1993
- Berta Belaza galeria. Bilbo

1995
- Andazarrate jatetxea. Asteasu. Gipuzkoa

2000
- Usainean kafetegia. Elgoibarko kultur aretoa. Gipuzkoa

2015
- *De lo cotidiano. Egunerokoari buruzkoa*. Vallesantoro jauregia. Zangozako kultur etxea Nafarroa

2017
- Iortia kultur etxea. Altsasu. Nafarroa
- *De continentes, contenidos y otros cuentos /Edukitzaileen, edukien eta beste kontu batzuen gain*. Ziudadelako bolborategia eta Iturrama Civivox. Iruña

2018
- *Parte de lo cotidiano. Egunerokoaren zatitxoa*. Zizur Nagusiko kultur etxea. Nafarroa
- *De continentes, contenidos y otros cuentos /Edukitzaileen, edukien eta beste kontu batzuen gain*. Elgoibarko kultur etxea. Gipuzkoa

2019
- *De lo cotidiano. Egunerokoari buruzkoa*. Kultur aretoa. Noain

2021
- *Sanfermines Imaginados. Irudikatutako sanferminak*. Iruñeko Ziudadela

2024
- *Mertxe Sueskun. Jostatuz, kontatu egiten dut*. Nafarroako Museoa. Iruña

ERAKUSKETA KOLEKTIBOAK

Honako herri hauetan: Elgoibar, Eibar, Zarautz, Zornotza, Legazpia, Deba, Donostia, Gasteiz, Bilbo, Almería, Santiago de Compostela, Murtzia, Rubión, Málaga, Granada, Loods (Polonia), Szombathely (Hungaria), Zumaia eta Iruña.

ERAKUSKETARAKO AUKERATUTAKO LANA

1982, 1984 eta 1986. Gipuzkoako artista berriak
1985 eta 1990. Gure Artea. Eusko Jaurlaritza
1984, 1988, 1990 eta 1992. Zornotzako biurtekoa
1990 eta 1993. Gasteizko biurtekoa
1992. Almeríako biurtekoa
1992. Murtziako biurtekoa
1995. Loodseko hirurtekoa. Polonia
1996. Szombathelyko biurtekoa. Hungaria
1996. Zumaiako Lehiaketa
1996. Nafarroako eskultoreak. Iruñeko Udala
1999. Eskulturaren Nafarroa II. Saria. Nafarroako Gobernua

BEKAK ETA LAGUNTZAK

1995. Gipuzkoako Foru Aldundiak emandako laguntza

MUSEOETAKO ETA BILDUMETAKO OBRA

Eusko Jaurlaritzako Kultura Saila
Elgoibarko Udala
Nafarroako Museoa
Bilduma partikularrak

AGRADECIMIENTOS | ESKERRAK

Quiero agradecer a:

Mercedes Jover y Carmen Valdés, representantes del Museo de Navarra, por su confianza en mi obra y en mí.
A Itxaso Sánchez Urra, la restauradora.
A Txaro Fontalba, la comisaria de la exposición.
A Ane Lekuona, historiadora del arte.
A Josetxo, mi compañero, sin cuya ayuda y ánimo no sería posible esta aventura.
A mi hermano José Ignacio, a mi cuñada Conchi y a mis sobrinos y sobrinas Jaime, Aritz, Vivianne y Laura, por su ayuda en todo lo que he necesitado.
A Fernando Beorlegui, mi primer profesor y amigo en la escuela de arte Egur de Elgoibar.
A Santi, profesor en la escuela de Deba, con quien aprendí a amar el arte y a experimentar tanto con las formas como con el color.
A Ángel Garro, con quien aprendí sobre la estética en las presentaciones de las obras.
No puedo olvidarme de Blanca Salegi y de Jesús Mari Sarasua de Elgoibar por su apoyo, ayuda y confianza en mí.
A Mari Luz por su generosidad.
A mi hermana y cuñado por su apoyo; a mis sobrinas y sobrinos, a quienes quiero y siento cerca.
A mis amigas y amigos, sin los cuales creo que le falta algo a la vida.
Aprovecho para recordar mi estancia durante varios cursos en Arteleku, un espacio de experimentación y aprendizaje.
Allí solían organizar seminarios con charlas, algunas impartidas por Francisco Jarauta que me resultaron muy interesantes. Ojalá hubiera más *Artelekus*, merecía la pena.

Eskerrik asko
Mertxe Sueskun

Eskerrak eman nahi dizkiet honako hauei:

Mercedes Joverri eta Carmen Valdési, Nafarroako Museoko
ordezkariei, niregan eta nire obran konfiantza izategatik.
Itxaso Sánchez Urra zaharberritzaileari.
Txaro Fontalbari, erakusketako komisarioari.
Ane Lekuonari, artearen historialariari.
Josetxori, nire kideari, haren adore eta laguntzarik gabe abentura
hau ezinezkoa bailitzateke.
Jose Ignacio anaiari, Conchi koinatari eta Jaime, Aritz,
Vivianne eta Laura ilobei, behar izan dudan guztian emandako
laguntzagatik.
Fernando Beorleguiri, Elgoibarko Egur arte eskolan nire
lehendabiziko irakasle eta lagunari.
Santiri, Debako eskolako irakasleari, harekin ikasi bainuen artea
maitatzen eta formekin eta kolorearekin esperimentatzen.
Ángel Garrori, harekin ikasi bainuen obrak aurkeztean estetikak
duen garrantziaz.
Ezin ditut ahaztu Blanca Salegi eta Jesús Mari Sarasua
elgoibarrak, babesa eta laguntza emateagatik eta niregan
konfiantza izateagatik.
Mari Luzi, bere eskuzabaltasunagatik.
Nire ahizpari eta koinatuari, beren laguntzagatik; nire ilobei,
maite ditudan eta hurbil sentitzen ditudanei.
Nire lagunei, haiek gabe bizitzari zerbait falta zaiolakoan bainago.
Bide batez, gogora ekarri nahi dut hainbat ikasturtetan Artelekun
egon nintzela, esperimentatzeko eta ikasteko espazioa izandako
hartan. Han mintegiak eta hitzaldiak antolatu ohi ziren; horietako
batzuk Francisco Jarautak eman zituen eta oso interesgarriak
iruditu zitzaizkidan. Arteleku gehiago egotea nahi nuke, merezi
du eta.

Eskerrik asko
Mertxe Sueskun